打破勇气的边界：
重塑生活的 13 条原则

Dapo Yongqi de Bianjie:
Chongsu Shenghuo de 13 tiao Yuanze

［澳］弗兰杰西卡·伊塞利　著
（Franziska Iseli）

朱雅燕　译

中国出版集团
中译出版社

图书在版编目（CIP）数据

打破勇气的边界：重塑生活的 13 条原则 /（澳）弗兰杰西卡·伊塞利著；朱雅燕译 .—北京：中译出版社，2022.11

书名原文：The Courage Map: 13 Principles for Living Boldly

ISBN 978-7-5001-7231-4

Ⅰ. ①打… Ⅱ. ①弗… ②朱… Ⅲ. ①成功心理—通俗读物 Ⅳ. ① B848.4-49

中国版本图书馆 CIP 数据核字（2022）第 203586 号

Translated and published by *China Translation & Publishing House* with permission from TCK Publishing. This translated work is based on *The Courage Map: 13 Principles for Living Boldly* by Franziska Iseli. © 2020 Franziska Iseli. All Rights Reserved.
TCK is not affiliated with *China Translation & Publishing House* or responsible for the quality of this translated work. Translation arrangement by RussoRights LLC and CA-LINK International LLC on behalf of TCK Publishing.
The simplified Chinese translation copyright © 2022 by China Translation and Publishing House.
All rights reserved

著作权合同登记号：图字 01-2022-5208

出版发行：中译出版社
地　　址：北京市西城区新街口外大街 28 号普天德胜大厦主楼 4 层
电　　话：（010）68359827，68359303（发行部）；68359287（编辑部）
传　　真：（010）68357870
邮　　编：100044
电子邮箱：book@ctph.com.cn
网　　址：http://www.ctph.com.cn

责任编辑：李焕华
文字编辑：张　斐
营销编辑：李佩洋
封面设计：王梦珂

排　　版：北京宝蕾元科技发展有限责任公司
印　　刷：山东临沂新华印刷物流集团有限责任公司
经　　销：新华书店

规　　格：1270 mm×900 mm　1/32
印　　张：6.25
字　　数：120 千字
版　　次：2022 年 11 月第 1 版
印　　次：2022 年 11 月第 1 次

ISBN 978-7-5001-7231-4　　定价：49.00 元

版权所有　侵权必究
中译出版社

亲爱的勇气：

我享受我们之间的嬉戏玩耍。你风趣诙谐，助力我成功地通关。你用心良苦，考验我，让我进化为更优秀的人。

是你，让我选择倾听自己的内心声音，即使前方有再多的人阻挡。是你，勉励我，让我体会生命的丰盈，让我感受无数个妙不可言的神奇瞬间。

你鞭策着我，让我走出舒适区，拓展自己的边界。你时而令我心潮澎湃，时而令我心平气和。

感谢你，让我回首过往时，脸上洋溢着明媚的笑容，内心富足而充满感激之情。因为，我知道自己忠于内心，勇敢地生活，没有遗憾。

我会永远铭感于心。谢谢你一直以来的授业解惑，你是从未熄灭的明灯，指引我未来的道路！我爱你。

弗兰杰西卡（Franziska）

译 者 序

机缘巧合下，我成为了本书的译者，与作者来场跨越时空的对话，甚为欣喜。繁忙工作之余，把点滴笔墨绘成卷，从初春的斜风细雨到盛夏的蝉鸣如潮，金秋盼来了出版，我心想这还挺呼应春播秋收的规律，出版之际，编辑来言，让写一篇译者序，思绪一下把我带回"播种"译书的时光。

何谓勇气？自己做出决定，自己承担责任和后果，是种勇气。常常，我们会推诿于人，噢，都怪父母、朋友、爱人、工作伙伴给出了错误的建议，似乎这样你人生的错误或者惨境就有了"加罪之地"，一切都不是你自己的问题。殊不知，这是亲手把能让自己成长的机会给扼杀了，真正的力量是向内而求，由内向外而发。

学习、工作、生活、亲情、友情、爱情等，面对人生的十字路口，拥有勇气将会让你更好地做出抉择。年纪不小了，要不要学新的技能？要不要考研？要不要出国留学？不喜欢领导的安排，是耐着性子执行还是直面拒绝并沟通寻找另外的解决方式？要不要接受晋升，尝试更多挑战？放弃眼前的高薪工作，创业探索未知领域？与父母的隔阂，或者父母不理解自己，是否要来场坦诚的沟通？伴侣彼此有矛盾的时候，是否把自己不合理行为背后的脆弱、不安全感剖析给对方听？是否离开交往多年但不适合的伴侣？

孔子云："知之为知之，不知为不知，是知也。"这句话，放之四海而皆准，推之百世而不悖。人是各种社会关系的总和，难免会囿于各种桎梏，如若能诚实面对自己内心所追求的一切，接纳自己的局限性和缺点，不惧周围人的眼光，这便是勇敢。

在这个世界上，有的人与生俱来就有冒险和勇敢突破的精神，有的人则相对保守。在我看来这并没有对错之分，就像每个人心中对成功的定义也各有不同。翻译过程中，我尝试在工作和生活中践行书中说到的原则，甚至书稿完成后，遇到一些让我踌躇不定的情况，脑海中依旧会涌现出书中的原则，帮助我更迅速地思考和做出决定。这些价值是远远无法用稿费或金钱衡量的。

费尔巴哈说过，人就是他所吃的东西，衍生理解成，人的行为和所得是他思想的产物。阅读本书，可归纳为两种情况。或主动阅读，或别人赠与所得。书架上一闪而过的目光，或者在社交媒体碰巧看到的推送，毋庸置疑，是内心的需求让你最后打开了这本书，而你的想法会变成行动，最后对生活轨迹产生或多或少的影响，这是第一种情况。第二种情况，则是和我的"机缘巧合获译此书"类似，那么，建议是顺其自然地接受这来到你身边的小惊喜，或许能有不菲的收获。书中有13条原则，你可以根据自己所需选择实际运用的原则，丰俭由君。这些原则将助你一臂之力，让你更勇敢更坚定地走向内心想选择的路，而不是在未来某天，当你回首过往时感慨："真后悔，当时应该更勇敢点儿。"

提笔落墨，耳边似乎传来浅浅吟唱：

译者序

我将轻声叹息将往事回顾，
一片树林里分出两条路，
而我选择了人迹更少的一条，
从此决定了我一生的道路。
Somewhere ages and ages hence:
Two roads diverged in a wood, and I—
I took the one less traveled by,
And that has made all the difference.

———美国诗人罗伯特·弗罗斯特《未选择的路》

我希望此书能给读者们带来思想上的启迪，为那些想改变风平浪静生活的人带去涟漪，为那些身处浑浊沧浪的人带去清澈澄明。无论这启迪的光于你而言，是炬火还是萤光，只要能照亮思想，它的点燃便有了意义。愿你脚下之路为心中所想。

最后，特别感谢中译出版社温晓芳老师的引荐和李焕华编辑的信任与支持。知识海洋浩瀚，译者才疏学浅，如有立论、翻译不妥之处，还请读者不吝赐教。

朱邪燕
2022年8月于厦门

推荐序

我热衷于冒险,很幸运自己现在还健康地活着,能与家人和朋友分享其中的经历。所以,弗兰杰西卡告诉我她骑摩托车重走丝绸之路的故事时,我的好奇心被点燃了。

我每天都能见到不同的人在世界上留下丰功伟绩。他们有什么共同点?一是追逐梦想的勇气;二是为社会产生积极影响。弗兰杰西卡的书向我们展示了上述两点如何支持你,让你不再恐惧,从勇气、爱和善良出发追逐事业、享受人生。

或许我不是最勇敢或最聪明的人,但我有远大的梦想,我与才华横溢的人共事,敢于冒风险。迎面挑战的勇气引领我踏上精彩的生命之旅。勇气使我能够做出正确的决定,无论是十几岁时抗议越南战争,还是通过创办维珍银河等企业来突破边界。

勇气并非意味着你不害怕,而是当你感到害怕时仍勇敢前行。勇气不是鲁莽草率,而是承担可控的风险。勇气让你即刻出发,而不是等到充满信心时再采取行动。

我十几岁的时候,对办杂志有什么了解?我真的可以管理一家全球唱片公司吗?像我这样的嬉皮士开一家航空公司到底是要做什么?驾驶热气球在世界各地旅行,建造世界上第一架商业太空船太疯狂了吗？我一直相信要挑战自我，我认为，如果能抓住机会并拓展自己时，大家都会尽力而为。

这并不意味着它不可怕，但有了如弗兰杰西卡这样的冒险家来指引方向以及《打破勇气的边界：重塑生活的13条原则》作为手头工具，我们都可以鼓起勇气去冒险，更加勇敢地享受人生之旅。

管它呢，去做吧！

理查德·布兰森爵士

目录 CONTENTS

绪论

重塑生活的13条原则

原则一：故事

你阐述给自己和他人听的故事形成一副眼镜，你透过镜片看世界，这个视角将决定你的行为是出于恐惧还是勇气。你的故事决定了你将如何勇敢地生活。因为你是自己人生故事的作者，你可以重写那些无益于自己的故事。

如果没有故事，我还是我吗？_ 20　　我们所选的故事 _ 22
"戏"太多综合征 _ 26　　　　　情绪垃圾 _ 28
转型周期 _ 30　　　　　　　　旅程乐曲 _ 33
服务区：塑造你的信念 _ 34　　旅程日志 _ 34

原则二：真我

了解并尊重最真实的自己，这将给予你更勇敢地生活的力量。你自尊自爱，接纳自己真实的样子，不管是优点还是缺点。

你的"真我"是什么？_ 36　　　　了解你的人生准则 _ 37
坚持你的"真我" _ 38　　　　　你是否找到了"真我" _ 38
尊重自己和他人 _ 39　　　　　但我真的不喜欢你的意见！_ 41
不，不要用"南么释塔"问候我 _ 43　　如何恭敬地表示不同意 _ 44
真相陷阱 _ 45　　　　　　　　旅程乐曲 _ 47
服务区：定义你的价值观 _ 48　　旅程日志 _ 48

原则三：发心

把生活想象成一次公路旅行。你的愿景蓝图是旅行的目的地；价值观是指南针，为你指引前进方向；发心则是你的旅行方式，它是一切改变的起点，想成为什么样的人，在世人面前怎样呈现自己，都由你自己决定。

选择你的旅程 _ 50　　　　　　你的出场 _ 51
发心的选择 _ 53　　　　　　　扬帆起航 _ 56
无条件，一切发心的始源 _ 57　　旅程乐曲 _ 58
服务区：发心的选择 _ 58　　　旅程日志 _ 59

原则四：信任

生活给你带来一场风暴时，请想象自己在平静的飓风眼中，尽可能地脚踏实地，观察并保持清醒，不要让自己卷入风暴。这样你才可以做出更聪明、更勇敢的决定。信任是勇敢生活的关键驱动力之一。我们所讨论的信任有三种：信己、信他和信所有过程。

相信你的能力 _ 61　　宇宙会支持你 _ 62
跟随陌生人 _ 64　　假设大多数人都是善意的 _ 66
飓风之眼 _ 67　　旅程乐曲 _ 68
服务区：相信并期待美好 _ 69　　旅程日志 _ 69

原则五：直觉

直觉来自你的潜意识，潜意识处理信息的速度比你的显意识快得多，它让你更高效、更笃定地做出决定。相信直觉，你将依靠自己和内在的智慧来做选择，更勇敢地生活。

什么是直觉 _ 71　　亲爱的直觉，你在吗？ _ 71
调动和运用直觉的五种方法 _ 73　　我们需要共情力 _ 76
旅程乐曲 _ 77　　服务区：信任你的直觉 _ 77
旅程日志 _ 77

原则六：爱

敞开心扉能使你做出勇敢的决定，充分体验并享受人生。选择以开放的心态生活需要勇气，长期保持敞开心扉则需要更大的勇气。

爱与恐惧 _ 80
融入心田 _ 81
爱不是限量供应的馅饼 _ 84
感受你所有的情绪 _ 86
服务区：融入心田 _ 89

链接你自己 _ 80
如何挖掘能量 _ 83
章鱼 _ 86
旅程乐曲 _ 89
旅程日志 _ 90

原则七：善良

"总以善意回应"是非常有力量的口诀。你如何对人或环境做出反应，观察此刻的自己和周围的人，是件很有趣的事情。

善待自己 _ 92
谢谢你的善意 _ 95
仙露 _ 102
服务区：始终以善意回应 _ 103

总以善意回应 _ 92
如何做到善意回应 _ 95
旅程乐曲 _ 103
旅程日志 _ 104

原则八：缺憾

在片刻的时光里，有完美的身影存在，这就是"瞬间的完美"。完美在于过程，而不是结果。完美是一种幻觉，生活中总是有缺憾的。接受有缺憾的自己，以真实的一面去勇敢生活。

缺憾是迷人的 _ 106
值得铭记的缺憾 _ 108
攀比陷阱 _ 109
我们同舟共济 _ 111
旅程乐曲 _ 113
旅程日志 _ 114

我不完美，但这没关系 _ 107
失败 _ 109
只与自己比较 _ 110
瞬间的完美 _ 112
服务区：庆祝瞬间的完美 _ 114

原则九：不依附

做到不依附，你的决定和行动将不再与特定的结果绑在一起。这个原则的力量是强大的，因为它，恐惧无地自容。

不依附的力量 _ 115
未达到的期望 _ 119
无条件的慷慨 _ 122
旅程乐曲 _ 124
服务区：如果你失去了一切怎么办？_ 125
旅程日志 _ 125

不依附的三个步骤 _ 118
不要害怕失去一切 _ 121
想念"乔治国王" _ 123

原则十：流淌

自由地随着生命之河流淌，不要对抗流淌入生命中的一切——优雅地与之共舞，让水流带你领略生命的神奇莫测。

适应力是你的秘密武器 _ 126　　像水般流淌 _ 128
事如朝露暮霭 _ 130　　　　　　流淌光谱 _ 132
如何拥抱流淌 _ 133　　　　　　旅程乐曲 _ 140
服务区：流淌光谱 _ 140　　　　旅程日志 _ 140

原则十一：乐玩人生

诙谐幽默具有令人难以置信的力量，即使是处在情绪最低落的时候或最严峻的环境中，也能消除对方的戒备。它是一种微妙的艺术，使你即便在面对最困难的情况时也能获得一定程度的轻松，弱化了令你害怕的情况或决定，使你鼓起勇气面对。

人生是你的游乐场 _ 143　　　　诙谐而直率 _ 144
更加诙谐有趣的七种方式 _ 146　旅程乐曲 _ 152
服务区：不要太把自己当回事 _ 152
旅程日志 _ 152

原则十二：进化

进化是人类经验的重要组成部分；它突破了边界，让人类实现了丰功伟绩；它帮助你突破自己的勇气边界，取得一生中最高的成就。

扩展你的勇气边界 _ 154　　习惯那些不适 _ 155
五个层级 _ 158　　关系的进化 _ 163
阳刚之气和阴柔之美 _ 164　　旅程乐曲 _ 165
服务区：接纳不适感 _ 165　　旅程日志 _ 166

原则十三：承诺

勇敢是一种技能：越是频繁地练习，你就会越勇敢。我们需要用承诺把勇气提升到更高的水平。

承诺——变得更勇敢 _ 167　　放胆尝试 _ 170
"不可能"只是种看法，并非定论 _ 171
记住，这不是父母的错（不要归罪于原生家庭）_ 171
以勇敢无畏引领众人 _ 172　　旅程乐曲 _ 173
服务区：给自己的承诺 _ 173　　旅程日志 _ 174

起程 _175
一封来自勇气的情书 _177
关于作者 _179

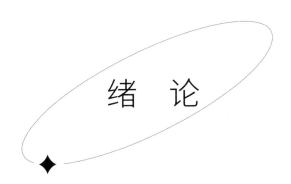

绪 论

✦ **打破勇气的边界：** 重塑生活的 13 条原则

勇气是丰盈而有意义的人生的源泉。勇气是人生美妙体验的钥匙，那些值得铭记的时刻将改变你的人生轨迹，让你过得更好。勇气是你全面体验生活的最佳盟友。在生命中面临重要挑战的时候，勇气会帮助你做出更好的决策；在面临诱惑或阻碍想要放弃的时候，勇气会支撑着你，让你忠于自己的内心。

最关键的是，勇气是所有人都能学习的技能。本书将告诉你如何让勇气成为你的超能力。

2018 年初，我脑海中闪现出一个"糟糕的想法"：骑摩托车从瑞士沿着丝绸之路进入亚洲。意大利商人、探险家兼作家马可波罗因其 13 世纪的旅行而声名远扬，我想追随他的脚步，重走丝绸之路。

因为出发点是要挑战自己，所以我决定单独旅行。我对自己骑摩托车的技术很有信心，但不知道如何修理摩托车，更别提在阿富汗边境换轮胎或穿过齐腰深的河流之类的事了。虽如此，我依旧认为自己可以在 12 000 千米的旅程中解决这个问题。或许我有些天真了。

在决定踏上冒险之旅的几周后，我在巴哈马的一个社会企业家会议上遇到了迈克·克莱恩。晚餐时，迈克提到了关于骑摩托车的事情，所以我便告诉他自己即将开始的骑行之旅。他瞪大眼睛告诉我，十多年来，他也一直计划着同样的旅行。"你愿意有一个骑友吗？"他问。

起初我犹豫不决，但转念一想，我意识到在计划访问的一些国家里，若有位旅行伙伴是个好主意——尤其是一个知道如何修理摩托车和阅读地图的人！

2018 年 7 月，我和迈克在瑞士我母亲家里会合，接着就上路了。

很长一段时间里，我不断地在演讲中分享自己对勇气的看法，却未曾落笔，直到那次摩托车之旅，我才意识到自己必须写这本书。

这本书将帮助你了解你的恐惧来自哪里，如何重新掌握你的生活，以及如何勇敢地生活，从而活出属于你自己的人生。

✦ 为什么勇气很重要

勇气赋予你强大力量去塑造生命。它让你忠于自己，以身作则，产生积极的影响，不带遗憾地度过人生的每一天。勇气是种深层次的力量，让你在个人生活和职业生涯中产生或大或小的改变。

每个人都有各种想法和梦想，希望过上优渥的生活。有些人缺少的是追求梦想的热忱和把想法落地为现实的勇气。

✦ 扩展你的勇气边界

本书揭示了如何在生活的各个领域扩展自己的勇气边界。

勇气边界或者说舒适区边界，决定了你对风险或不确定性的接受程度，边界内属于你可承受的范围。

风险总是有潜在的代价，但也伴随着回报。随着年龄的增长，出于回避潜在痛苦和危险的考虑，我们倾向于缩小自己的勇气边界。只不过，随着边界的缩小，人生的多种可能性也随之缩小。可喜的是，边界是灵活的，可以根据需要，有意识地培养自己的勇气，开启人生新篇章，并从充实的生活中获得回报。

在设计自己的勇气地图并应用本书中列出的原则时，你就开始扩展自己的边界了。你将会嗅到新机会并采取新行动，这时，你会感觉自己变得更勇敢了。曾经认为不可能或者做不到的事情，你慢慢做到了。有时你会感到不适，但请记住：这仅仅是过程的一部分。那种不适意味着你正在进步成长。

为了助力你的勇气之旅，我设计了日志模板，你可以依葫芦画瓢绘制自己的勇气地图，并记下沿途的想法、见解和行动。

在你鼓起更大的勇气，探索自己的边界时，请相信这个过程。你信心满满地在未知领域猎奇的途中，会遇到许多令人愉快的惊喜，也会遇到各种绊脚石。拥抱你的旅程，提醒自己继续追逐最疯狂的梦想。

勇气的培养是一个持续的过程，无法一蹴而就。因此，每当你觉得需要调整时，请回顾自己的勇气地图和笔记，短暂休息是为了走得更远。

你或许会有这种感觉：脑海时不时闪现与勇气原则相关的灵感或新想法。建议把它们直白地记录下来，无须雕琢。在阅读本书的过程中，你会更加清晰地意识到自己的思维、行为和感觉模式，并开始看到微妙而有意义的变化。

可以把勇气地图作为自己一年的蜕变计划，每月践行一个新原则。当然，你也可以选择加快旅程。你是自己的主宰者！

✦ 何为勇气

勇气不是无所畏惧，而是尽管心存恐惧，仍然做出勇敢的决定。勇气是一种技能，一种能力，它能让你摆脱面对恐惧时的惯性反应，并下意识地为了自身的最大利益和他人的利益做出恰当反应。勇敢的人坦诚面对自己、敢于冒险、直面挑战、以身作则。

勇气给予你直面恐惧的力量。克服自己的胆小羞怯，在操场上与其他玩伴畅聊的小孩；不畏路途艰险，发现新大陆的探索者；明知可能会受伤，仍奋不顾身冲进火灾现场救人的消防员；你最好的朋友，他或许患有社恐症，害怕公开演讲，但依旧在你的生日聚会上发表演讲。从他们身上，我们看见了勇气。

勇气不是鲁莽。鲁莽好比走错道，在迎面而来的车流中相向而行，或者在不知水深浅的情况下跳下悬崖。鲁莽是匹夫之勇，勇气是智者之勇。

勇气不是要向任何人证明自己，而是做真正的自己，过无悔的生活。

勇气，能够让你：

- 即使形势对你不利，你也能告诉自己：我可以。

- 在放弃会更容易的情况下，勇敢地说：不放弃。
- 以开放的心态面对生活。
- 即使事与愿违，也能坚持自己的信念。
- 从容面对棘手的对话。
- 无条件地付出爱。
- 做出重大决策。
- 开始新的冒险。
- 追求别人认为不可能的目标。
- 全然相信自己。

勇气能使人直面恐惧继续向前迈进。你可以选择优雅地带着恐惧跳舞，或者被它踩在脚下无法动弹。我会大声说，我们一起跳舞吧！

✦ 拥有勇气者会做的四件事

浏览本书时，你将学着内化四种关键行为，这些行为将引导你踏上勇者的人生道路。

1. 忠于自己

勇敢的人了解"真我"（真实的自己），愿意为自己的信念挺身而出，对更轻松的选择——退缩，说不。他们坚定地相信自己，有着强烈的价值观和信念体系提供支持。

他们不怕逆流而上或打破传统思维，致力于在生活的各个领域终身学习、发展和完善。

2. 冒险拼搏

勇敢的人愿意承担更多的风险，创造更广的社会影响，过上更好的生活。他们明白事情并不一定总会按期望的方式发展，不会满足于现状，而是尝试做出改变。为了成长，他们走出舒适区，拥抱未知和变化。即便心有恐惧和疑虑，他们仍怀抱信念，在人生道路上勇敢攀登。

3. 迎难而上

勇敢的人能大胆地直面问题、情况和挑战。他们不会逃避问题。相反，他们为了所有相关人员的利益，迎战质疑和解决难题。他们以事实为基础，秉承尊重和正直的原则。

4. 以身作则

勇敢的人以身作则。他们带着勇气、善良和同理心出发，不囿于自己的恐惧、怀疑，以及他人的看法。

他们致力于诚信，言出必行。他们了解对与错之间的区别，并以善意对抗不公。他们采取行动，激励其他人也勇敢地站起来。

✦ 大胆质疑

勇气不仅能帮助你忠于自己、承担更多的风险、直面挑战、引领众人发挥影响力，而且还能帮助你摆脱各种令人受限的社会规则（以及你自己编造的"规则"）。

无意义的社会规则会阻碍你走向勇敢的道路，请不要接受它们。我实在难以忍受纷繁而没有意义的规则。太多的社会规则是无用的。以下是我想到的一些内容，正在阅读本书的你，肯定知道得比我多。

- 为什么路边停车，必须把车朝着特定方向停放（至少澳大利亚是这样的）？
- 为什么早餐吃比萨或晚餐吃麦片，别人会觉得你是怪胎？
- 为什么无条件的爱如此困难？
- 为什么在餐桌上戴帽子被认为是不合适的？
- 为什么男人不穿裙子（好吧，可能有少数人会穿）？
- 为什么穿着浴袍去上班，别人会嗤之以鼻？
- 除非你是孩子，为什么大人在街上蹦蹦跳跳就会招来奇怪的目光？
- 为什么挖鼻子会被认为不雅？
- 为什么我们在敬酒时需要看着别人的眼睛？

我们想当然地接受社会、家人、同事或"权威人士"所说的一切，其实我们更应该去质疑那些对自己没有意义的事情。

母亲回忆起一件往事，某天放学回家，我问她能否去找最好的朋友弗拉维亚。她说不行。这对我来说不合情理，我实在想不出她为什么说不，因为全部的功课都完成了，于是我问她不能去的原因。

母亲停下来，想了一会儿。"实际上，我没有理由，只不过是因为我这一天过得很糟糕，脾气暴躁。"

我很高兴自己问了这个问题，小小的勇气产生了巨大的变化，那天我和最好的朋友共度了美好时光。有时，一个简单的问题可以把平淡寡味的时刻变成欢快美好的时光。

别人告诉你的或别人期待你做的事，不需要全盘接受和照做。带着爱与真诚，鼓起勇气质疑任何对你没有意义的事情。

大部分的规则和障碍实际上是自我封闭。有些是从父母和朋友那里继承或吸收的信念，有些来自你的个人经历。世界呈现给你什么样子，你便接受什么样子，想当然地认为就是这样。

✦ 这个问题，改变了一切

那天冲完浪，我正坐在地板上吃着鸡蛋吐司，电话响了——是哥哥打来的。那通电话彻底改变了我对生活的看法。我们年仅58岁的父亲心脏病发作，意外去世。即使这么多年过去了，我都难以用言语形容自己当时的震惊和悲怆之情。

那段时间，一个问题不断在我脑海中萦绕，现在我仍会问自己这个问题："如果下一秒就要离世，我会对自己过往的生活感到满意吗？"

勇气是一种技能。无论现在你具备的勇气是多是少，只要愿意，总能找到更多勇气武装自己。你可以通过努力，有意识地扩展自己的勇气边界。

针对上面的问题，如果我的回答是肯定的，那么我将继续坚持目前所做的事情。如果答案为否定，我知道自己如何改变。这个问题让我在能够选择舒适安逸的时候，不去选择安逸，而是勇敢地行动。这是一个好问题，终其一生，请自省自问。你的答案会引导你的决定。

意识到生命的有限和生活的瞬息万变，我积极主动地选择自己的生活方式，而不是被恐惧驱使。这种意识引领我用尽全力地活着，享受并报答生命，不畏恐惧，做出勇敢的决定。

踏上这段旅程，请更勇敢地生活在这个世界上，不是为了我，不是为了合伙人，也不是为了父母、兄弟姐妹，请为了你自己，勇敢向前！

✦ 勇气塑造了我的人生

勇气让我在生活中保持"真我"，而且让我通过自己创立的企业产生影响。得益于勇气，我创立了企业和团队，进而产生积极的社会效益。这份工作常会遇到挑战，我犯的错误数不胜数。然而，发挥企业家精神，解决有意义的问题，一直是我的重要使命，是富有成效且令人受益匪浅的挑战。

在获得政治学和市场营销硕士学位后，我开始了自己的广告策略师职业生涯。稳定的薪水让我收获了安全感，但这对我来说都是意料之中的事情。我渴望通过自己的本领产生更大的影响。然而，我在瑞士长大，这里一直根深蒂固地信奉"稳定守旧"的价值观，人们常教导我"你不应该离开这份稳定、有前途的工作"。

所以，当我辞掉工作开始新事业时确实需要鼓起很大的勇气。时间轴拉到今天，简焦（Basic Bananas）是一家营销咨询型组织，为世界各地的中小型企业主提供营销培训。在开始第一笔生意后，我还创立了其他公司，并投资了一些项目，这些项目对我产生了积极的影响。

海恋（Oceanlovers）就是其中之一。在悉尼一个炎热的夏夜，我坐船在海里航行，当时我正与海洋进行某种形式的对话，与海洋保护产生了"链接"。越来越多的塑料堆积在原本干净无污染的海滩上，水温不断上升，珊瑚和海洋生物不断死去。我知道我必须做点儿什么。

如何激励更多的人去关心海洋？我想通过建立一个有吸引力的品牌，触碰人们的思想和心灵。

几个月后，一项新业务诞生了，其使命是"鼓励和动员大众拯救我们的海洋"。海恋平台提供可持续的海洋周边产品，鼓励人们从海滩上捡垃圾。我们是最早用塑料瓶和钓鱼线制作冲浪服的企业之一。项目的启动是需要勇气的——人们是否会对我们所提供的产品感兴趣，我们全无概念。幸运的是，世界各地的人们都认同我们的使命，并希望自己成为践行该使命的一分子！

过去的十年，有很多让我害怕、让我心跳加快的时刻。有时我甚至不知道自己在做什么（我现在仍然会有这种感觉）。在那些时刻，我告诉自己一定要相信自己，做正确的事情，别管有多害怕，前方的路有多险阻。

当然，我也犯了很多错误，但这些错误都使我受益、成长和发展。

决定拥抱勇气时，机会就会来到你身边。当然，障碍也会出现，所以你必须克服障碍和挫折，而不是让恐惧成为阻碍。如果你勇敢地活着，在离开人世的那一刻，定会是毫无遗憾的，因为你用尽全力地活着，把一切都奉献给了生命。

✦ 该如何应对恐惧

要了解勇气，我们需要先了解恐惧。

让我们把恐惧看作一个角色，这样我们才能更好地理解它。把恐惧想象成一个看起来很怪异的外星人：当你从远处看它时，它令人生畏。但你越熟悉它，它看起来就越不可怕。

恐惧与其他情绪类似。如果你让它自然地从身上流淌，而不是与它对抗或躲避它，那么它最终会消散。因此，当你看到恐惧抬起丑陋的头时，不要急于赶路而跨过它，而是站着不动，面对它、感受它，让它向你靠近。事实上，大多数时候，它所做的一切都是为了保证你的安全！

恐惧的另一面是什么？当你有勇气克服恐惧时会发生什么？自由。

探索在恐惧和自由之间，你会体验到各种各样的感觉：困惑、怀疑、缺乏自我价值，以及介于两者之间转换所引发的情绪。但随后你会到达自由的状态，对生命的求知探索，感受空间的广袤无垠和世间的澄明透亮、美妙，令人无比愉悦。

就像生活中的其他探索或尝试，你应对恐惧的方式将会日趋完善。这是一种实践：你做得越多，就越容易。越来越自由，就像摆脱了一直压在自己身上的本不该有的重担，步履逐渐轻盈。

我们的目标不是避免恐惧，而是驾驭恐惧，优雅而轻松地从它身边走过，将其视为老师。尽管心有恐惧，也能感到安全和自在。

✦ 恐惧是安全的

恐惧，让你待在安全的地方。恐惧让你不越雷池，它不希望你失败，它希望你不立于危墙之下，它想护你周全。

然而，恐惧的问题在于，有时即使你不需要保护，它也会出现来保护你。它无法区分什么时候需要保证安全，什么时候需要把你自己赶出舒适区。

为了保护你的"安全"，恐惧会阻止你做出以下行为：

- 敞开心扉，大胆去爱
- 放手一搏
- 离开某人
- 欢迎新事物
- 相信自己
- 置身于暴风雨中
- 离开稳定的工作
- 挑战舒适区外的事物
- 坚定自己的信念
- 为所爱的人挺身而出
- 展示脆弱

以上的情况各有不同，但它们都有一个共同点：要冒一定程度的风险。你可能会犯错和失败。然而，勇于犯错和失败，以错误为垫脚石，将助你取得进步并过上充实富有的生活。吃一堑长一智，失败是经验教训，它促使你进化，达到人生新高度。

一位好友最近问我："如果你后悔自己做出的勇敢的决定，怎么办？如果你意识到做出了'错误'的决定，怎么办？"

是否把事情给搞砸了，并不是问题的关键，关键的是时间点。人非圣贤，孰能无过。与其感到后悔，不如把失败当作一个校正方向的好机会。要坚信自己足够勇敢，朝着内心希冀的方向迈进。失败是一个难得的机会，让你能拓展和调整自己的人生道路，而不是故步自封。

这可能听起来有点像"空中楼阁"，但我相信宇宙自有其规律，会让一切问题得到解决。有时解决问题花的时间比想象的要长一些，有时你会觉得事情最终的结果没有意义，但几年后回头看，便会明白其中的道理。

你做过的真正让自己害怕的事情，还有印象吗？也许你犯了一个错误，后来意识到一切都还如往常，甚至更好？我也是！有时"弥天大错"变成了上帝为你打开的另外一道门。意识到这一点并对自己的失败保持中庸的看法，知道事情总会以某种方式解决，你将能够在生活中承担更多的风险。

面对恐惧时拥有勇气，你会走得更远。

✦ 恐惧牢笼

如果你忽视或逃避它，恐惧就会变成枷锁。重要的是，要保持对恐惧的警觉，这样它就不会有意无意地控制你的行为。不要让它主宰你的日常生活。不要成为囚徒。保持对自己情绪的感知，坦然接纳恐惧，然后做出正确的决定，选择应对它的方法。

阻止恐惧把自己拉进情绪的牢笼，我的方法是写日记。当恐惧笼罩着自己的思绪时，我就有可能陷入困境或产生拖延。所以，如果必须做出决定或采取行动，而这恰巧是让我害怕的事情，我会求助于自己的笔记本。

我把所有想法都写出来，每天都坚持写日记，直至自己思维恢复清晰，并能按照内心的想法和决定做出勇敢的行动。这个过程让我重新掌控自己的生活，所以恐惧无法阻止我勇敢地前行。有时这个过程需要几天，有时需要数月、数年甚至更长时间。

可能写日记对你也适用。或者你觉得给亲人写一封信会更有作用，比与朋友讨论你的恐惧效果更好。每个人处理情绪的方法各有不同，所以请选择对你有用的方式。

恐惧使我们安全，帮助我们存活在这个世界上。我们要感激恐惧，但不要让它把你关进牢笼。

勇敢地生活意味着虽心有恐惧，但仍大胆向前迈进！

✦ 你的勇气地图

通过本书，你可以为自己设计勇气地图，勇敢地生活，追逐你最狂野的梦想，并在世界上留下属于自己的痕迹。你的勇气地图，是仅属于你的绘图，它将帮助你思考，并付诸行动去扩展自己的勇气边界。这是你勇敢生活的手册。

你的地图可能看起来与其他人的地图差之千里。你可以选择喜欢的旅行方式，攀登哪些山脉，穿越哪些海洋，旅行中听什么歌曲，在哪里停下来，以及选谁作为你的驴友。这都取决于你，这是你的地图和勇气之旅。

✦ 未来旅程

本书中，你会了解到13条原则，这些原则将帮助你培养你的勇气，扩展你的边界。每条原则旨在支持你做出更大胆的决定，过上令你无憾的生活。这些原则好比指南针，引导你在旅程中前行而不会迷失方向。

✦ 旅程乐曲

完美的公路之旅怎么能少了音乐？音乐具有神奇的力量，可以提升旅程体验感。在每个原则的末尾，你会发现一些"旅程乐曲"，以帮助你把该原则应用到日常生活中。它们由积极的信念或积极的肯定组成，可以不断被重复，进而使每个原则成为习惯。

就像在公路旅行时重复播放你最喜欢的旅行乐曲一样，勇气乐曲也将逐渐内化为你的一部分。

| 绪 论 |

✦ 服务区

服务区与旅程的重要性不相上下。遵循原则和旅程乐曲,但旅程中你可能需要停下来补给燃料,把原则与玩味的挑战、行动和实践结合起来,并使之奏效。

✦ 旅程日志

在每条原则的末尾,你会发现一些引发思考的问题。停下来,花点儿时间思考如何将每条原则融入你的生活。

有些原则会比其他原则更容易应用,更能引起你的共鸣。有些你可能已经在生活中践行了。通过更深入地挖掘这些原则,你将能够把自己的勇气提升几个段位。

感谢你选择有勇气地生活!世界需要你的勇敢!

✦ 结束

人们踏上旅程,一般都会知道往哪儿走,目的地在哪儿。你可能不一定知道自己将如何到达那里,但对于终点心中是有数的,请以终为始,开启旅程。

让我们花几分钟时间想想,在勇气旅途中,你准备走到哪儿,在哪里结束旅程。你想成为什么样的人?设计勇气地图的时候，你的理想目的地是什么样的？

拿起你的笔记本，写下你对以下问题的想法：

- 勇敢地生活对你来说意味着什么？对你来说，有勇气的生活是什么样子的？
- 你觉得自己什么时候最勇敢？
- 在生活的哪些方面，你觉得自己需要更勇敢？
- 勇敢地生活会对你和你周围的人产生什么影响？
- 你最害怕的是什么？
- 恐惧是如何让你在生活中退缩的？
- 如果你具备了全部勇气，你会做出什么决定，你会采取什么行动？

思考了这些问题后，请关注自己目前的勇气边界，然后在阅读本书时有意识地观察自己的转变。你会惊讶地发现，只需一些微小的调整就可以产生巨大的变化。

✦ 献礼

如果你想变得更勇敢，如果你想为生命献上自己最美的礼赞，这本书是写给你的。如果你想创造涟漪效应，以身作则，激励他人也过上勇敢的人生，这本书更是为你而写的。

这个世界需要你的超能力！如果越来越多的人不再是没灵魂的躯壳，人们鼓起勇气坚持自己的原则，大胆发声，依义而行，探索创新，不加评判地尊重自己和他人，这将是多么迷人的星球。

重塑生活的 13 条原则

原则一：故事

人类本能地在各种体验中寻找意义。这是我们感知世界的方式。我们把每一次经历都变成故事，而故事赋予我们人类存在的意义。正是故事定义了我们人类。生活中，人们会无意识地为自己的经历添加个人的解读或意义。

阐述给自己和他人听的故事形成一副眼镜，透过镜片看世界，这个视角将决定你的行为是出于恐惧还是勇气。你的故事决定了你将如何勇敢地生活。因为你是自己人生故事的作者，可以重写那些无益于自己的故事。

✦ 如果没有故事，我还是我吗？

"每个父母都会把他们孩子的灵性给抹杀了！"一个朋友惊呼道。我不禁笑了起来。

这也引起了我的思考。也许她是对的，我们确实搞砸了。但并不是说父母有意损害我们的思维；而是我们常会赋予自身经历某种意义，无意识地允许这些意义改变了自己的思维。

> "我们给自己讲故事是为了活着。"
> ——琼·迪迪安

每个故事都可以有两种写法，或帮助你变得更勇敢，或把你推到恐惧深渊中。尽管往往是无意识的，它依旧是种选择。每一刻都是写新故事的机会。故事就像地图，它们以更简单的方式帮助你观察和理解这个错综复杂的世界。故事塑造了你的信念体系。

故事可能是性格形成的起源，但它们并不等同于你的本质。

故事是加在自己身上的外壳，就像天气转凉，多穿几件衣服一样。冬衣是为了让你保暖，让你免受寒冷。故事也是如此。

有些衣服很吸引你，有些则让你感到不适。故事同理。有些故事赋予你力量，而另一些则让你感到痛苦，阻碍你勇敢地生活。例如，过去的某个故事让你觉得自己无法再相信他人，这会导致你与新朋友交往时也持不信任的态度。另外一个故事，让你觉得世上好人多，这会使得你在陌生人身边感到更加放松和坦诚。

随着年龄的增长，你不断地在自己身上加外壳。这就是为什么经常听到人们说，"我已经不知道自己是谁了，我把自己给丢了"。耗能的故事让你产生局限的思想，一个接一个地堆积起来，直到你忘记了自己到底是谁，忘记了什么对你来说是真正重要的。某些故事会压制、抹杀你的勇气，让你生活在恐惧中，而另一些故事则会鼓励你勇敢地挺身而出。回归真实自我的唯一方法是摆脱或重写那些不再有益于你的故事。

在上小学二年级时，某天上午的休息时间，我躲进了浴室。当我再试图打开浴室门时，它打不开了。门被锁住了！听到外面的上课钟声响起，恐惧在我心里蔓延。其他孩子都回到了教室，剩我独自一人。我疯狂地敲门，希望有人能听到声音，但很不幸没人听到。几分钟后，我的老师和班上的大多数同学（包括男生）都站在浴室里试图"拯救"我。

走出浴室，我非常尴尬，泪眼蒙眬，低着头。我告诉自己，在公共浴室锁门是不安全的。在那之后的许多年里，我都不会把浴室的门上锁。

前不久，我和朋友在旧金山的一家墨西哥餐馆享用玛格丽塔酒，摄入太多饮料，我不得不去洗手间。结果十分钟都没有回来，我的朋友们都很疑惑，不知发生了什么。好吧，我无法打开上锁的门！我立即按下了应急按钮，然后淡定地从门顶的空隙爬了出来。

那些你告诉自己的故事是很有力量的。它们可以让你在未来几年活在非理性的恐惧中，也可以让你冷静又勇敢地采取行动。执笔手中，你是自己故事的作者。

✦ 我们所选的故事

在写这本书的时候，我刻意关注了自己的想法，并尝试剖析自己的行为，以便与你分享这些教训。我一直在问自己："是不是有恋父情结或者缺乏父爱？是因为从未听爸爸说过'我爱你'这句话吗？"我回顾了自己的童年记忆，看看小时候编造了哪些令人沮丧的耗能故事。

长大后，我不记得爸爸说过他爱我。这是否意味着他不爱我？还是说我不讨人喜欢？这取决于我的看法，因为我才是自己故事的作者。

后来发现，父亲不善于表达并不意味着他不爱我，他只是不太擅长用语言表达感情。我父亲在艰苦困难的环境中成长，他可能从未学会如何用言语表达爱意。我选择相信行胜于言（这点，我现在仍然深信不疑）。

我是否活在虚幻的否定中，这样就可以自我欺骗，接受"更好"版本的故事，让自己快乐？我不这么认为——但即使是，所有经历有无意义，取决于你是否赋予它意义！你是故事的作者。衡量故事影响力的标准不一定是它的准确度，而是它的价值。它是否让你充满勇气成为更好的人？还是让你满心怨恨、沮丧和悲痛？

在我内心深处有一段关于父亲的特别经历，我选择铭记和珍视它，取代那些在记忆中相对平淡无奇的经历。

大约在我十岁的时候，某个星期六下午在马术培训课的马厩，举办了一场马术跳跃赛。作为最年轻，最缺乏经验的骑手，我既兴奋又紧张。

因为我没有自己的马，老师让我骑他的马——瑞斯克，一匹棕色、温柔又壮硕的马。离周六上午越来越近了，我难以抑制自己兴奋和紧张的心情，那天我早早起床，穿上白色的骑马裤和从朋友那里借来的黑色西装外套。妈妈和爸爸开车送我去学校，是的！爸爸来观赛了！

我和其他参赛小伙伴一起走在赛场的赛道上，记住障碍的路线和顺序，这样我们就知道在比赛中该如何引导马匹。随着时间的流逝，我愈发紧张起来。

我骑着瑞斯克在评委席前，等待着起跑铃响起。我把脚后跟轻压在瑞斯克身旁，它便开始冲向第一个障碍物。一切都很顺利，直到我们接近第四个障碍——一条宽阔的沟渠。我们全速跑向沟渠。瑞斯克在最后一刻改变了主意，在沟渠前戛然而止。我从它的头顶弹了出去，狠狠地摔在地上。

令人惊讶的是，我没有受伤。我站起来，弹去裤子上的污渍，调整好头盔，向瑞斯克走去，它用那棕色、温柔的大眼睛回应我。我抓住缰绳，又折返回去，我们再次向四号障碍发起冲刺。

这一次，瑞斯克成功跳过去了，紧接着，我们一同完成了剩下的赛程。

这天的某个时刻，在以后的人生道路中一直都伴随着我：那时我从地上爬起来，看着站在篱笆旁的父母。我看到爸爸眼中饱含泪水。不是因为我摔倒沦为比赛的最后一名，而是他为自己成为女儿的力量源，让自己女儿知道有人支持着她而感到自豪。

以前，我从未见过爸爸哭。这个时刻如此珍贵，使我终生难忘。所以我相信父亲是爱我的，他为他的女儿感到骄傲，只是他无法用言语去表达这种情感。这个故事一直支持着我，直到今天，它仍旧滋养着我的心灵。

那一刻，我可以解读成不同含义。如果我选择相信自己没有被父亲爱着，我可能会不自觉地搞砸所有与异性间的成年关系

（当然，有些关系确实被我给搅黄了）。或者，告诉自己，我并不是一位好骑士，不再参加比赛。或者暗自提醒自己，为确保安全和稳定，永远不要尝试舒适区外的东西，因为这样做，我会脸朝下摔个嘴啃泥。

你选择铭记哪些故事？哪些故事赋予你勇气，让你更勇敢？哪些阻碍了你？哪些鼓励你充分享受生活？

选择权在你自己手中。

聚餐的时候，只需要作为倾听者，你就能了解到有多少人选择相信那些无益于自己的故事。例如，我某位朋友有过一段非常糟糕的感情经历，她认为这段感情经历告诉她：自己不值得被爱。这种认为自己不值得被爱的恐惧，潜移默化地影响着她的行为。每当她遇到一个喜欢的男人时，她会感到恐惧，认为自己不值得对方的爱和尊重。其实，她可以这样想：上一段关系没有成功是因为有更美好的未来在等着她。

那么，鉴别和放弃那些阻碍自己过上理想生活的故事，为什么那么困难呢？

无论故事有多损耗你的能量或者赋予你多大力量，你之所以选择相信，是因为它们满足了你的某种需求——也许是寻求关注、寻找意义和归属感，或者是被倾听、被爱的需要。

如果某个故事满足了你的需求，那么你不太可能去改变它。这是否意味着你终生都被困在其中？不！只需要找到另一个故事来取代旧的故事——一个能让你更勇敢生活的故事。

重新审视自身的故事时，请对自己温柔一点儿。有些经历和故事相对更曲折艰难，需要更长的时间去思考和改变。在这段旅程中，你并不孤单。

你有这本书，你有勇气地图！

✦ "戏"太多综合征

让我们来谈谈大家常有的现象，这种现象阻碍着人们站出来、为结果负责和勇敢地坚持"真我"："戏"太多。我说的"戏"不是戏剧或电影，而是人们过度反应或者把事情夸张到比实际更严重的非理性行为。

是什么促使人们在脑海里导演这些"戏"？目的是什么？为什么有些人的"戏"比其他人更多？

那些你相信的故事推动着戏中情节的进展。耗能而令人气馁的故事是"戏"的完美素材。没有故事，就成不了"戏"。你讲给自己听的故事，导致这类无意义的事情的产生：对某些人某些事感到不安。其行为根源是内心的恐惧。

对于某些人来说，沉浸在"戏"中似乎比重写他们的故事更容易。但倘若意识到自己的思维模式，你就可以选择不同的行为。

"戏"通常是为了引起人们的注意。当你一个人的时候，剧情是无法发展的；它需要有人参与。如果召唤无人理会，最终"戏"会停止。需要更多的人参与才能让剧情"精彩纷呈，跌宕起伏"。

当别人上演不必要的"戏"时，你如何回应？你容易被带入"戏"中吗？如果你被其他人的"戏"所吸引，你就是在奖励他们的行为并训练他们通过巴甫洛夫条件反射创造更多的此类行为。你上次回复了，所以肯定会再次回复。如果他们将剧情升华或加倍怎么办——你可以更快地反应吗？

如果你发现自己反复陷入"戏"中，那可能是因为"戏"的情节满足了你的需要。或者，你害怕不接受故事而被人忽视的结果。

如果你想帮助某人摆脱他们的戏剧性故事，请以善意回应，但不要奖励他们"戏"太多的行为或去评判。或者你能够鼓起勇气用行为（而不是口头）表达，告诉他们能有更好的方法来引起你的注意。

人类是复杂的生物，需要一定程度的意志力才能摆脱脑海中自导的"戏码"。别人的行为，要如何应对，选择权永远在你手中。相对于带入太多个人情感并在旁边添油加醋而言，你更应该给对方留出距离并尝试理解为什么对方要根据其脑海中的"戏码"写下故事情节。如果你克服恐惧，以爱和勇气回应，便是替他人排忧解难，而非推波助澜。通过这种方式，你将不会搬出自己的故事去煽风点火，而会自然地将他人从其自导的"戏"中解救出来。

所以，下次当其他人上演"戏码"，你也在场的时候，请注意自己的反应。你是否有勇气不被卷入其中，让它像仲夏夜的暴风雨，来去匆匆？

不通过对彼此的"戏码"煽风点火以拉近关系，克服恐惧，鼓起勇气直面挑战，清醒自己的认知，拒绝那些无益于你和朋友情谊的故事，建立起真挚的友谊。这样，再没有故事能够破坏你和朋友间的关系。反而你们彼此之间有了更多的理解、更多的成长空间、更愉悦的关系、更深入的情感链接，更坦诚地面对彼此。

当然，你也可以尝试我所说的"乌龟智慧"——把头缩回庇护所里，你可以静待暴风雨过去，这里很安全，请内观自己，寻找人生真谛。

✦ 情绪垃圾

是时候向大家介绍"情绪垃圾"了。当某人的行为或操作方式始于恐惧时，他们所相信的故事可能会失控并变成情绪垃圾。这一点儿都不有趣！让我给你举几个例子。

你结束了漫长的一天工作回到家，你的伴侣脾气暴躁，无缘无故地对你大喊大叫。你十分困惑，不知自己做错了什么。你已经在尽最大努力养家糊口，为什么家人无法理解你工作有多努力、多艰辛？

你的伴侣或许有这样的故事：在他/她还小的时候，父母并不常在身边，他把不常陪伴与不被爱画上了等号，被遗弃的恐惧包围着他，他没有设法解决情绪的困扰，而是把你当情绪垃圾桶，只管一通宣泄。

或者当你告诉父亲自己即将前往巴塔哥尼亚冒险时，你的父亲对你大喊大叫，你不理解他为什么不能为自己高兴。他的喊叫或许是出于恐惧，担心你的人身安全。

你该如何应对这些情况？如果能唤醒自己的勇气，你将能够用爱和宽恕回应。但是如果任由恐惧滋生,你很可能会反击。两个情绪垃圾桶在一起变成脏污狼藉、令人作呕的垃圾场!有时,在自己和艰难的情境之间保持些许距离,能为自己争取时间和空间,整理思绪,用宽恕、悲悯、善良和爱来应答,不至于采取过激反应。

我告诉妈妈自己在丝绸之路上的摩托车冒险经历时,她很不安。尽管我从十几岁开始就尝试各种冒险,但这次似乎是最危险的。我们展开了艰难而焦灼的讨论,我很清楚她的反应是出于恐惧。

妈妈无意识地对父亲、哥哥和我做出伤害性评论,而这些和冒险毫无瓜葛,是的,她劈头盖脸地向我倾倒情绪垃圾。我这么说并没有恶意(妈妈是我见过的人里最善良的),我清楚她的行为源于恐惧。

我含着泪水提醒自己不要把她的话当回事,要理解并以友善的态度回应。我回到房间,静静地坐了几分钟,清空她的评论,告诉自己不要因为恐惧而做出不当反应。有那么一刻,我觉得自己是世界上最糟糕的女儿。我记得自己后来是用爱和勇气回应了她的恐惧。我知道她尽力而为了,我们都尽力了。

老实说,在旅程中收到那条令人深思的信息之前,我无法体会她恐惧的程度有多深,"我很高兴你没事,因为我无法忍受失去你。享受你的冒险之旅吧。"她害怕她唯一的女儿无法从这个冒险之旅中回来。看到那条信息时,我深受打击,我为没有意识到她的痛苦而感到难过,觉得自己很自私。我知道旅途中常有危险,但从未想过自己不会回来。

你不能参照父母的故事来活。你的故事必须由自己书写，当然，这样做需要勇气。

我通过分享故事（有时会稍做修饰，以免让她担心）和旅程中拍摄的照片，让妈妈知道我是安全的。有一次她说："真希望我能和你一起旅行！"

在安全返回后，我告诉她这是我经历过的最深刻、最不可思议的旅程，她会心地笑着回答："你每一次冒险都这么说。"确实如此。我已经迫不及待准备下一趟旅程了。

在收到别人倾倒的情绪垃圾的时候，确保自己不会把那次经历采纳归类为令人气馁的耗能故事。记住，你才是自己故事的作者，你有权利改变故事。

✦ 转型周期

说到勇敢地生活，为什么故事如此有影响力？因为重复的想法或故事能够变成一种信念。你的信念影响你的行为，行为塑造了习惯，习惯决定了结果。这就是为什么，留意和关注自己的故事如此重要的原因。因为它们创造了你的信念、习惯和结果。

你是你自己故事的创造者。思想的力量是无限的，只要你愿意，你可以选择相信任何故事和信念！

转变周期是一个过程，它将帮你挖掘出妨碍自己前行的故事，以便你能够找到并采纳自己的信念体系，支撑你的勇气之旅。塑造你的信念体系需要时间和精力，但这绝对值得。

让我们通过三个步骤来改变你的故事。

1. 内观自己的想法

意识是改变你的故事、信念和习惯的第一步。

成为观察者。观察你的想法、故事和信念。看看自己脑袋在想什么。当你关注自己的想法时，你会留意到某些特定的模式。例如，你可能会发现，每次有晋升机会的时候，自己只会选择稳妥以确保安全。

你可能会发现自己比最强大的敌人还更挑剔，亦或每次你有机会往高处走或来场华丽冒险时，你都会因为害怕失败而退缩。或者，也许你对自己完成的工作有所疑虑，即使你才华横溢。留心所有出现的想法。不要评判，只是观察。

献上吻，你的青蛙就会变成王子，我想表达的不是这类马上奏效的容易之事。而是对自己的故事有所察觉，然后决定是否要下意识地改变它们。

另外，请留意正在撰写的新故事。你的新经历，你想赋予它的意义是什么？生活好比万花筒，五光十色，在人生的十字路口，向左向右由你主宰。你会选择往哪走？

2. 重写你的故事

开始察觉自己的故事后，就可以重写故事，这些故事有助于你变得更加勇敢，让你的内心充实丰盈。

但首先，确保自己重写故事的动力是充足的。问问自己，"我真的想改变这个故事，还是出于慰藉或满足某种需要？"很多时候，故事的存在能够满足自身的某种需求，但阻碍我们更勇敢地生活。

如果不是100%确定自己要放下某个故事，那么你重写它的机会非常渺茫。如果某些故事满足了你的核心需求，例如被爱的需求，那么改变它们将更加困难。寻找其他感受被爱的方式，这样就不用诉诸旧故事。例如，如果过去你是通过上演"戏码"来满足自己对爱和关注的需求（因为过去，你获得父母关注的方式就是这样的），你能想出更有意义的方式来满足这种需求吗？

每年年初，我都会拿起我的日志，写下我想采纳或放弃的信念。

我最近记下的一些信念是：

- 无论什么情况，我都会敞开心扉。
- 大部分人都是善意的。
- 我是一名"炼金术士"，可以"点石成金"，令事态往积极方向转变。
- 我适应能力强，能够优雅从容地面对我遇到的所有挑战。
- 我相信宇宙永远支持我。

因此，与其责备父母，把错误归到他们身上，你更应该抱有"他们已尽其所能"的积极信念。你可以选择重写那些一直牵绊着自己生活的故事。

有些经历可能非常困难，给你留下了深深的伤疤。对自己温柔和耐心点儿，慢慢走，一次迈一步，在需要时，向治疗师或好友寻求帮助。

有时，我会在冥想伊始在脑海中重复自己的信念。你也可以把它们写在记事卡上，在睡前读一读。找到方法来提醒自己这些新信念，在脑海中重复它们，不管是把记事卡放在枕头下方，还是把它们贴在你的镜子上。只要你感觉合适，怎么都可以。

留心那些你选择放下的故事，因为它们可能会时不时地冒出来试探你。

3. 知行合一

明确了要采纳的故事和信念，需要通过行动来不断地强化它们。你不能只在脑海中想象自己的信念，然后寄希望于魔法会自行发生。你必须采取行动，一系列的行动！

比如，你相信自己有足够的勇气对这个世界产生一定影响，那么，现在就行动，从小事入手，寻找方法去影响他人的生活。创造连锁效应的习惯，并有意识地对其培养，比如写亲笔信给爱人、亲自为别人泡一盏香茗、在对方没有要求的情况下帮助工作伙伴完成任务、送花卉给亲友或主动捡拾垃圾。

不断重复你的行为并保持连贯，有助于你形成新的信念，从而塑造你的习惯。基于积极赋能的故事和信念的新习惯，能让你每天都鼓起勇气生活。这些新习惯会引导你收获想要的结果。

✦ 旅程乐曲

尝试以下积极赋能的信念或创造属于你自己的信念。
- 我是自己人生故事的作者。

◆ 打破勇气的边界：重塑生活的13条原则

- 我的想法和信念在支持着我。
- 我勇敢地活着，没有遗憾。

✦ 服务区：塑造你的信念

是时候开始积极地塑造你的信念体系了。

完整写下你想采纳的新信念。可以是关于你的，也可以是关于你周围世界的。下方提供几个赋能信念的例子，以便你更好地开始：

- 我有勇气在这个世界上产生重大影响。
- 人们从根本上希望看到我成功，并为我的成功而出谋划策。
- 我是自己人生故事的作者。
- 我的信念支持我勇敢地生活。
- 我是丰盈而德才兼备的，吸引了大量的机会。
- 我的朋友都是了不起的人，我们总是互相支持。
- 我总是善意地回应他人。

重写你的故事和信念，留心自己的行为、习惯和结果，它们将会随之改变。

✦ 旅程日志

以下整理出一些问题，供你在勇气之旅中思考：

- 你的故事对你有什么影响?它们帮助你还是阻碍你勇敢地生活?
- 告诉自己哪些故事阻碍了你勇敢地生活?
- 在接下来的几周里,观察你的想法、信念和行为,写下所有对你无益的故事。
- 问问你最亲密的好友,哪些改变能使自己变成更好的人,请他们指出。

原则二：真我

如果你了解并尊重最真实的自己，就无须按照别人的期待来活。你的言行一致将给予你更勇敢地生活的力量。你不再害怕在人群中站起来，唱反调。你感到安全，因为你清楚自己的行为和想法是一致的，你接纳自己真实的样子，不管是缺点还是优点，你自尊自爱。

在坚持"真我"的同时，你将会有勇气认可和尊重别人的"真我"，而不去考虑自己与对方差别有多大。

✦ 你的"真我"是什么？

理解和尊重"真我"有助于你鼓起勇气，因为你的决定和行动不会被外部无益的噪音或故事所干扰。

如何寻找并拥抱你的"真我"？什么是生命中最重要的东西，而又是什么让你做出此决定？是你的核心价值观！那么我们就从这里开始。

价值观使你的内心感到快乐。它们是内部准则，指导你以某种方式行事，这种方式对你来说是正确的。当你理解自己的价值观并按照其行事时，你会尊重自己，对自己和未来前进的方向感到踏实而平静。与之相伴的是一定程度的自由，虽然心有恐惧，但这种自由最终会让你变得更勇敢。如果你对生活、事业或人际关系感到"不大对劲"或没有成就感,那么很大可能是你没按照自己的价值观生活。甚至,你都还没清醒地意识到上述情况。

✦ 了解你的人生准则

> "如果你了解自己的价值观,做决定并非难事。"
> ——罗伊·迪斯尼

接受自己的价值观后,做出困难而勇敢的决定就不再是件难事。我们举几个例子说明。我的最高价值观之一是自由。为了忠于自己,我会避开那些束缚双翼的协议。无论做什么,我都需要自由,否则我会觉得遗憾,没有成就感。

另外两个对我来说十分重要的价值观分别是爱和信任。如果我连自己和最亲近的人都不相信,如果我无法付出和接纳别人源源不断的爱,那么我就没有按照"真我"而活,我需要改变,知行合一,重新找到和谐的感觉。

直截了当地表达你的价值观,你将有信心做出勇敢的决定,而不会感到精神撕裂、背叛自己或与诚实正直相左。你将能从信念、勇气和善意出发,为你认为正确的事情挺身而出,你的行动将激励其他人也这样做。

了解你的"真我"便是了解真实的你——不关乎你做什么,拥有什么,而是仅作为人这个属性。你的头衔、证书和财产不能代表你是谁。这些或许能帮助你过上想要的生活,但它们无法定义你。

你的"真我"只属于你，仅由你来定义。这是你的内部思维。这也是为什么试图改变别人以满足自己的需求是没有意义的。你的爱人也有自己的"真我"。好比弹簧，如果你把它朝不同的方向拉伸，它总是会反弹回来。

✦ 坚持你的"真我"

了解到你的"真我"后，请勇敢承认它、尊重它、拥护它，即便是你不这么做会更轻松的情况下，也请你坚定。

因为勇气源于诚实正直，当你践行了"真我"后，有一种如家般的踏实安稳感，勇敢地生活将是自然而然的。由于你的决策和你的核心价值观相一致，决策将会变得更清晰、更具有导向性。你的行为不会受到恐惧的影响，而会由你秉承的生活准则所决定。

在别人有意无意地要求你按照他们价值观行事的时候，面对这种压力，清晰而明确的价值观赋予你勇气，让你能坚持坦率和秉承正直。

✦ 你是否找到了"真我"

怎么知道自己活出了"真我"？

你知道自己坦率地活出了"真我"，当：

- 别人的期待与你无关，不会依据别人的期待而行事。
- 你不会为了某种结果而牺牲自己的价值观。
- 你感到和谐，行为与自己的内心一致。
- 你尊重别人最真实的样子，不会为了满足自己的需要而试图改变他们。
- 你不需要或不寻求外部认可（验证）。
- 你正走在正确的道路上，感觉到一种平静和安稳。
- 你不害怕分享自己的想法，即使会有人反对。
- 你不用靠拥有什么或做什么来定义自己，而是用你本身来定义自己。
- 无论在什么情况下，你大多数时候都感到满足而平静。
- 你不会因害怕不被爱或别人认为你不够好而妥协"真我"。
- 你站出来为正确的事情发声。

成为坦率、正直而不随意妥协的人（这是最高阶版本的你）需要一定的勇气！"真我"帮助你勇敢活出高阶版本的自己。

✦ 尊重自己和他人

坚持"真我"后，你将有勇气尊重自己。同时，你将能尊重、珍视和认可他人，即使他们的价值观与你的完全不同。换句话说，你可能不同意对方的观点，但你依旧会尊重对方。

尊重，无论是对自己还是对他人，都是不加评判地接纳，拥抱你的缺点并接纳他人的缺点，坚持你的"真我"，并允许其他人也这么做。

尊重自己和尊重他人之间的主要障碍是恐惧。你害怕不被爱,害怕被评判,害怕自己不够好,害怕自己不值得,害怕失去归属感。

例如,如果你害怕不被爱,会为了被爱而妥协自己的价值观并按照别人的期望行事,这样看似更容易。然而,让别人来摆布自己,无法持续并令人满意,毕竟这不是你的"真我"。迟早,你会愤恨不满。或者,你可能会发现自己陷入了一个不属于你的躯壳中,感到迷失。请记住:只有在尊重和践行"真我"以后,才会吸引到气味相投的人,他们欣赏真实的你,而这些人也同样勇敢地坚持着他们的"真我"。

如果你不尊重自己和你的"真我",就相当于在削弱自己的勇气。如果连你都不认可真实的自己,那么,很可能其他人也不会!

最近,我的一位朋友去约会,她成功引起了一位男士的注意,得益于朋友调整回归到她的"真我",两人的关系逐渐往健康积极的方向发展,十分有趣。一开始,她踌躇不定,不敢表现真实的自己,过去的经历令她恐惧,她觉得自己不配。她的恐惧无意识地引导她以一种不真实的方式来回应信息,以实现"被喜欢"。背离"真我"不仅令她陷入自相矛盾的境地,而且男性也因为错误"表象"而被吸引过来,然而这不是真实、有趣又可爱的她。

她不再为了"被喜欢"而牺牲自己的价值观、抱负和信念,开始尊重和践行她的"真我"。这种微妙的转变改变了她所吸引的男人的类型。她开始吸引那些不仅与她相配，而且对自己和他人同样真实和示以同样尊重的男人。勇敢回归"真我"，那个爱她最真实样子的人，找到了。

坚定而大胆地践行"真我"的人，是非常有吸引力的。想象一个充满激情的人，坚持自己的信仰，每一寸肌肤都是自信而放松的，因为他们知道没有什么好隐瞒的，他们真实地活着，散发出无穷魅力，即使你不同意他们的观点，也不影响他们如磁铁般吸引着众人。活出"真我"，它将给予你意想不到的力量。

现在假想一个不按照自己的价值观生活，言行不一的人，人们会认为他是不可靠的，或者在你们互动的时候，你可能会觉得有些不对劲。你会发现很难完全信任他。

尊重你自己，践行你的"真我"，将会吸引同类人——那些愿意与你相处而不会去改变你的人，进入你的生活。尊重自己并忠于自己的价值观，那么围绕在你周围的人将是尊重并爱真实的你的人，而非仅仅被你的外表或感觉所吸引。

✦ 但我真的不喜欢你的意见！

如果你真的无法同意某人的观点怎么办？或者如果有人不尊重你的"真我"怎么办？你还能尊重他们吗？

尊重并不意味着赞同一切和所有人。事实上，你若坚持真我，前述的这点就无法实现。

在任何情况下，你都可以选择以较基本的、恐惧驱动型（包括不尊重）行为作为回应，或者，选择文明而尊重的态度回应。尊重意味着，即使你不同意对方观点也以体面的方式对待对方。尊重需要勇气，它源自爱。而无礼来自恐惧。

这就是考验你勇气边界的时候了。当你不同意某人的观点——甚至为他们的意见感到震惊——但你能表以尊重并理解他们的人生旅程时，你知道自己优雅地践行了"真我"并尊重他人。你没有必要藐视或粗鲁地回应。没有人身攻击的辩论会更有成效。

在学生时代，我曾在瑞士驻南非大使馆参加一个经济研究项目。在比勒陀利亚，我在住房附近的健身房打壁球时，遇到了一位青年才俊，他约我出去吃饭。晚餐很棒，但这次约饭着实令我大吃一惊，感觉不大好！他发表了一些让我哑舌的种族主义言论。我并不是容易一惊一乍的类型。他是一位聪明、有趣、善良的人，但由于个人成长经历，他竟接受了令人难以置信的种族主义观点。

最让我血脉偾张的事情，非种族主义莫属。面对种族主义评论，我花了许多的力气克制并提醒自己"坚持真我但要尊重他人"，这才没有离席。如果是较低层级反应，我会制止话题、藐视并评头论足一番，最后离开座位。但这样对双方都没有好处。于是，我尽最大努力保持开放，尝试理解他的观点，而后，我们展开了内容丰富的讨论。关于他观点的起源，一切水落石出。我了解到了一些新事物，并礼貌地拒绝了第二次约会。

坚持你的"真我"，让你在面对自己无法产生共鸣、无法理解的人、情况或观点的时候，有勇气表现出尊重。你可以对他人表现出体面和尊重，但也可以选择优雅地掉头离开。

如果出发点是恐惧，你将更倾向于根据自己的判断或结论采取行动，从而错过从不同角度获得进化和扩充经验的机会。

即使面对失礼，你也总是选择以善意和尊重来回应。以身作则，其他人会追随而上。

我相信，如果大家能够以更高阶的参与方式，以尊重回应彼此而不是对某种判断或意见立刻做出片面反应，我们将会拥有更文明的社会。我们会更和谐地生活在地球上，尊重彼此信念而不试图强迫任何人遵循我们自己的信念体系。保持开放的态度并尝试理解他人，而非把自己困在判断中，做到如此，每个人都会因此而受益。

✦ 不，不要用"南么释塔"问候我

以前在瑜伽课上，我总是无法在课堂结束后轻声说出"南么释塔"（namaste），感觉那样很虚伪，当然，还有另外一个原因是我想在最后"仰体式"的瑜伽姿势中，继续躺平休息。我不是什么印度禅师；我只是一名穿着运动服的普通女孩儿，为什么需要说一个连自己都几乎无法理解的词语？这种想法一直萦绕于心，直到后来，我在尼泊尔骑摩托车穿越喜马拉雅山时，观念才发生了改变，我才意识到自己以前是多么吹毛求疵、多么喜欢给别人贴标签，还有另外一个收获是，领悟了"南么释塔"的真正含义。

在尼泊尔，"南么释塔"是常见问候礼，它蕴含着世间大道，美好而令人愉悦。每每有路人走过，尼泊尔人会停下手中的任何事情，双手合十，用真挚的眼神看着你说"南么释塔"。多么美妙的时刻，在这个转瞬而逝的光阴，人与人之间发生了专注而纯粹的链接。

梵语中"南么释塔"的大致意思为："我的心灵向你的心灵致敬"。换句话说，"尊重你的'真我'，也尊重世间所有独立个体的'真我'"。

这才是尊重的真正含义：尊重别人最真实的一面，同时不放弃"真我"。尊重意味着去爱人，因为本质上我们大家都一样。好吧，我感觉自己有点偏向形而上学的哲学范畴了，言归正传，谈一谈接下来的话题。

✦ 如何恭敬地表示不同意

我记得小时候，自己便开始反抗某些荒谬的行为。我一直在努力理解和接受许多传教士所采取的方法。我发现传教士经常试图将他们的宗教信仰强加于他人，但却不认可或尊重这个已存在数百年的信仰。尽管我完全不同意这种做法，但这并不表示我有权不尊重传教士。不管你同意与否，他们只是在坚持他们的"真我"并为此而活。

你可以不同意别人的观点，但你更可以选择以优雅的方式表达自己的看法，而不表现出轻蔑或批评。

✦ 真相陷阱

一些陷阱可能会挑战或动摇你坚持"真我"的决心。让我们看看会让自己远离"真我"的五种行为。意识到它们的存在后,要避免就相对容易了。

1. 权利

权利可以很轻易地让你远离坦率正直。这是某些个体的行为,源于他们认为自己应该享有某些特权的想法,这常常会影响和损害他人或周围环境。它会伴随着某种程度的傲慢、无知和漠视。

举一个完美的例子,人们常觉得人类有权对大自然肆意开采破坏,而不用尊重它。或者觉得应享有社会特权,损害他人的权益,比如因为啤酒不够冰,就粗鲁地对待女服务员;或者射杀野生动物,并在社交媒体上发布照片炫耀战利品;或者在干旱缺水的时候,仍每天给草坪浇水。

权利永远不会让你接近"真我"。实际上,权利是对恐惧的反应,对自己不够优秀的恐惧或对不被"看到"的恐惧。

2. 无知

无知是权利最好的朋友,两者相互支持,相互促进。

避免无知,让自己变得更有察觉,寻求答案。提出更多的问题吧!将缺乏理解转化为学习和成长的机会。越是敞开心扉,就越能够进化成更丰盈的自己,而不会陷入恐惧驱动型无知。

勇敢地承认"真我",你将更包容地思考与自己相左的观点,而不会陷入批判或轻蔑的泥沼中。

长期的愚昧和无知，是可悲的。

3. 做出假设

不要做假设！担心别人讨厌自己或不被爱的恐惧会导致你误解别人的行为，认为对方别有用心。拒绝胡思乱想的假设，能够让你坚持"真我"并尊重别人的"真我"，而不会感到害怕或者没有安全感。

例如，如果伴侣告诉你，他需要空间，你可以解读为他不爱你或者排斥你，但很可能这仅仅表示他需要更多的空间！倾听、关注和尊重你们的"真我"，你将能够克服并更正原本的假设。

想象一下，你的好友正经历一段艰难的时期，不想出门与你相聚，因为这是他自我疗伤的方式。这是否意味着他不想再和你做朋友了？不大可能。但或许因为你面对困难的处理方式与他不同，才会做出错误的推断。

不要做假设，不要把假设套在自己身上。

由于恐惧，你很有可能会把事情个人化。具备了勇气，即使无法理解其他人的需求，你也可以尊重和认可他们的需求。请记住，其他人的"真我"，是你无法决定和控制的。

4. 缺乏欣赏

现在的人们普遍缺少对空间、时间和人的欣赏与感激。

很多人不再珍惜美好的时光和事物，时间流逝或者喜新厌旧了，就把它们抛之脑后！欲壑难填，不断追求更多，最后意识到更多的成就（或其他任何事物）并不会让你更接近本质"真我"

或更快乐。相反，在这个循环中很容易迷失方向。

记得时不时停下来闻一闻花香。感恩和欣赏帮助你铭记内心的"真我"。每天的感恩练习就像补给站，滋养你的灵魂，帮助你专注于真正有意义和重要的事情。这个简单的练习让你更接近本质的"真我"，让你更有勇气。

5. 内外不一

不了解和不坚持自己的"真我"会造成内外不一、自相矛盾的结果，导致不安全感、恐惧和怀疑。内外不一并不值得歌颂。

你的想法、决定和行动保持一致将为你的"真我"打下坚实基础。如果你动摇，便是在动摇基础，便会开始怀疑自己，进而引起恐惧。

忠于"真我"，并知行合一，勇气便会源源不断地涌向你。

坚定你的"真我"，相信别人是被真实的自己所吸引才来爱自己，而不是因为你拥有或已实现的事物。有些人可能会选择离开你的世界，这没关系，因为他们可能和你不同频，无法帮助你进化为最好的自己。

如果你坦诚并忠于自己，你会因为真实的自己而获得真爱。

✦ 旅程乐曲

是时候打开音乐了！这里有一些旅行乐曲供你重复播放。

- 我坚定"真我"，始终如一。
- 我将永远因为真实的自己而获得真爱。

- 我认可并尊重他人的本来面目。

✦ 服务区：定义你的价值观

重新定义你的价值观，问自己以下问题：
- 在生命中，什么是最重要的？
- 什么会让我快乐？
- 什么使我满足？

写下脑海里出现的想法，然后浓缩成到三到五个对你来说不可动摇的价值观。比如，价值观可以是勇气、真理、尊重、有趣、友谊、爱、感恩、成长、慷慨、热情、和平、财富、活力、智慧和好奇心。

思考你的生活，是什么让你感觉充实而富有成就感，花点儿时间记录脑海中闪现的任何想法。了解什么能抚慰你的心灵，让自己快乐，便能有的放矢，有意识地坚持"真我"。

✦ 旅程日志

拿起你的勇气地图，写下你对以下问题的想法：
- 你的价值观是什么？什么让你快乐？
- 你支持什么？
- 你反对什么？
- 在生活中是否有什么地方让你觉得自己在与"真我"

妥协？
- 你现在可以做的哪件事，是勇敢地践行"真我"？
- 什么时候，你会觉得尊重别人的"真我"很难？
- 怎么做，才能更尊重别人？

原则三：发心

一切行为始于你的发心[①]。用什么样的心情迎接新的一天？起床后给自己一个灿烂的笑容？为别人买一份贴心的礼物？勇敢地生活？这些都由你的发心所决定。

> "发心是一切改变的起点。"
>
> ——阿比吉特·纳斯卡

发心是种思想，它指导你的行动并支持你勇敢地享受人生之旅。发心是带有罗盘的思想。希望勇敢地生活起源于你的发心，紧接着是行动。发心让自己勇敢地生活——你的冒险之旅得由你来选择。

✦ 选择你的旅程

把生活想象成一次公路旅行。你的愿景蓝图是你的终点，是旅行的目的地。价值观是指南针，在十字路口为你指引前进的方向。发心是你的旅行方式，它们决定了你是蹦、跳、跑还是爬，是骑车还是开车，是滑冰还是游泳。行动则是你选择的道路。

[①] 发心，是佛教用语，就是一个人在做事的时候内心的念念。

找出价值观，确保做出的决定与你的"真我"相一致。请记住：在前面章节中概括的价值观，将会支持你选择"正确"的行动，和你的"真我"一致。走到旅途的十字路口时，它们会帮助你决定是右转还是左转。

接下来，选择你的交通工具或旅行方式：发心。发心源于你的价值观。如果它们与你的价值观相悖，你会感到矛盾分裂，就像是穿着比基尼攀登珠穆朗玛峰或穿着滑雪装备在海里冲浪。

发心决定了你想如何出现在这个世界上。是善意的？好奇的？勇敢的？或以上三者皆有之。

让我们看看上述这些是如何配合的。记得之前分享过，我的最高价值观是爱——一种超越异性的浪漫之爱，对众生无条件的爱。基于这个核心价值观，我的发心便是"以开放包容的心态面对一切"。如果某些经历让我想要封闭内心时，我就会不断提醒自己这点。我另外一个价值观是信任，而支持这个价值观的发心是"让一切自然流淌，我知道事物各有其规律，会往它们该发展的方向发展，最终都会解决。"

你想成为什么样的人，在世人面前呈现怎样的自己，决定权在你手中。

✦ 你的出场

发心会激发行动。你现在在读这本书，说明你诸多的发心或想法中，有一项是要勇敢地生活。这个发心指导你采取行动，比如设计勇气地图和应用本书中的原则。

每年年初，我都会写下发心，明确自己想如何出现在这个世界上，可能包括"勇敢地敞开心扉，保持开放""总会以善意回应""优雅从容地面对生活"或"利用自己的资源产生影响"。

花点儿时间问自己：我想如何出现在这个世界上？拿笔写下你的发心。然后，朝着愿景行动，在这个过程中，请你记住纸上写下的内容。如果感觉偏离轨道，提醒自己：原本的发心是什么，纠正路线并回归本心，你会感觉与自己的"真我"保持一致，这样才能够勇敢地一往无前。

大体上说，发心好比是你的旅行方式，它们非常强大。不知将精力、能量放在哪里时，你会感到分散、困惑或自相矛盾。发心可以帮你集中精力，定下基调并影响你的想法、行动和结果。

你的发心具备强大的能量，能够以微妙的方式影响着周围的人。例如，"保持敞开心扉"这个发心引发的影响对我来说是深远的。但这并不总是件易事！每每感觉要封闭自我的时候，我会不断提醒自己鼓起勇气，保持敞开心扉——即使可能会受到伤害。感谢发心，我的冒险因此而更加丰富多彩，我的言行举止变得更有影响力，我的人际关系也得到了深化，彼此更加亲近。

记得那是一个夜晚，迈克和我骑车从土耳其边境经过，进入格鲁吉亚。天空下起了雨，我们浑身湿透，又累又饿。我们到达在网上预订好的公寓，却没人领我们进去。我觉得自己火冒三丈了——这种情况并不常有。肚子咕噜作响，我走进马路对面的一家小超市买零食，内心琢磨着晚上去哪里睡觉。

我的发心是"永远保持敞开心扉"，然而，那天晚上我自己并没有做好，并没有令人觉得亲近或友善。我清楚自己散发的能量场与往常不同，但我真的不想和任何人说话。观察超市售货阿姨的能量与我的能量如何交换，这非常有趣。被暴躁的情绪淹没的我，尽己所能挤出微笑来引起这位女士的注意，但她正忙着在手机上打字，无暇顾及我的出现。大多时候，我总会受到大家的支持和欢迎。但这一次，我没有带着真诚与发自内心的爱，所以没有受到店主的欢迎，两手空空，我走回了雨中。我很感激那次经历，感谢公寓提供的"良好体验"，让我有机会反思自己（后来，迈克和我放弃了公寓，转而入住了一家高档酒店）。

境随心转，周围能量的转变取决于你是否想要转变。了解这点，你就能有意识地改变思想和调整行动，重新分配自己的能量。

我有时会听到人们说诸如"她把我的能量给偷走了"或"他打断了我的心流"之类的话。没人能偷走你的能量！你的能量场由自己选择。生活可能并不总是一帆风顺，但请相信自己的能力，你可以决定自己想走的路，并且成功踏上这条路。

✦ 发心的选择

下面我们开始确定你的发心。但首先，让我们看看目标和发心之间的区别,毕竟它们看起来非常相似。

最大的区别在于,发心列个清单,打个钩,就表示"完成"了。发心是一种生活方式。冒险之旅中交通方式的选择和音乐的选择,都会受到发心的影响。

它们帮助你以自己想要的方式实现目标,让你充分享受旅程。

旅程中你可以改变倾听的音乐,同样,你也可以调整和完善自己的发心为目标服务。发心是动态的,你可以时常改变、调整它。目标是线性的,人们希望目标有特定的结果,发心则非如此。比如你给自己设定了"保持敞开心扉"的发心,你知道这会带来积极的结果,但不知道它们将如何发生,何时发生。

再比如,你为自己定下目标:在年底前启动某个新项目。为了实现这个目标,你的发心可能是:保持开放的态度、专注于学习,做到随机应变、因地制宜。

或者你想与伴侣建立深刻而令人满足的关系,发心是大方得体地面对一切,顺其自然,永远保持"真我",真诚分享,无条件地付出爱。

确定你的发心,付诸行动,然后观察会发生什么——不要带有条件,不要评判。

选择你的发心——让发心助力勇敢生活!

1. 风格的选择

首先,请通过这些问题来确定自己的发心:"我想向世界呈现什么样的自己?我的风格是什么?我要如何朝着自己的目标前进?"。发心就像是派对的主题,你想以积极的方式呈现——比如用"我选择勇敢面对一切"取代"我会尽量减少恐惧",或者以"我很善良、体贴"取代"我尽量避免自己成为自私而不体谅别人的人"。与恐惧相比,因勇气而生的发心更加有力量、更加恒久。

你想成为什么样的人,想怎么出场?请花几分钟记录下来。还有,请不要落下"我选择勇敢地生活"。

2. 再往前走一点儿

你正在阅读这本书,是因为内心想要变得更加勇敢,而且你知道自己做得到。你已经具备提升勇气、过上勇敢生活所需的土壤了。

选择发心的时候,请给自己一点儿压力。你便会发现自己的生活风平浪静,缺少点儿风起浪涌的波澜,在舒适区里太安全了。继续思考,选择自己的发心,你会希望体会某种兴奋感,一种人生充满无限可能的感觉。

当然,还是要让自己的发心相对现实、接地气,以便能够实现它们。

请相信自己能做得到!如果相信,梦想便会照进现实。如果做不到,那么请围绕信念重写自己的故事(回到本书中的第 1 个原则),然后不断努力,直到你能相信为止。请做出承诺:我会不遗余力地坚定自己的风格,保持发心!对发心的理解和践行游刃有余的时候,你依然可以调整自己的风格并选择不同的发心。

3. 与价值观保持一致

发心必须与价值观相符,这能帮助你实现愿景蓝图。你的价值观、愿景蓝图和发心彼此牵制,相互协作,就像一件美丽的艺术品，不同的元素融合在一起，创造出惊世骇俗的画作。

例如，如果你的某一价值观是"保持真我"，诸如"尊重真实的自己，自我坦诚和忠于内心，并以同样的方式对待别人"，此类的发心是和价值观一致而有益的。另一方面，像"为了保护自己和其他人，我需要隐藏真相"此类的发心就与价值观相悖，它限制你勇敢而坦荡地生活。

重新思考并写下你的价值观，让发心为你的价值观服务。

4. 状态的管理

最后也是最重要的一点，确保你的发心源自勇气而非恐惧。

混沌和恐惧使你处于紧张、举棋不定的状态，这些将通过发心反映出来。所以，确定发心之前，尽可能地让自己处于平静的心态，比如冥想、点燃香薰蜡烛、听最喜欢的音乐、在大自然中散步或者喝杯酒——啤酒、白酒、龙舌兰酒都可以。

心情放松的时候，请对内心出现的想法给予信任。你的发心需要源自你，且不受到伴侣、导师或其他任何人的指导和影响。由你选择自己的风格。

✦ 扬帆起航

明确发心后，就该起航了。可能一帆风顺，转瞬间却风急浪高，需要你调整风帆和更改航向。有趣的地方就在这儿，逆风向你而刮，你的反应是什么？这个时候，诸如"我适应力强，让一切顺其自然，尽人事听天命"的发心或许对你有帮助。

在沿着丝绸之路骑行的旅程中，通常情况下，对于终点，我们心里是有数的。但有那么几天，由于不可预见的情况，风向发生了转变。记得我那时正要骑车穿越亚美尼亚到伊朗边境，以实现我最大的梦想，发生了意外的情况，我不得不改变旅程。

对我来说，最好的发心是那些源自我内心深处，灵活而自然的想法，这样一来，如果事情没有按照计划进行，自己也不会执着。我告诉自己，在不完美中看到完美，一切都是最好的安排。

✦ 无条件，一切发心的始源

过去十来年，我非常渴望了解"无条件"这个概念的含义。我的宗旨之一就是尽可能在生命的不同领域，践行更多无条件、不求回报的事情。其中最令人瞩目的是奉献爱。除此以外，还有无条件的慷慨、无条件的仁慈和无条件的谅解。

无条件意味着你（努力）按照自己的宗旨行事，一切从你的本心出发，不受其他人的行动和行为影响。即使会爱而不得，你也选择去爱。即使遇到粗俗无礼的行为，你也选择包容。你给予却不求回报，你努力让大家过得更好，让环境变得更和谐。

如果在人生弥留之际，我能够说自己在有生之年，待人处事基本都做到了无条件，我将会从容而满足地离开。但假设问题是"如果下一秒就去西方极乐世界了，你对自己的人生感到满意吗？"，我也会铿锵有力地回答"是的"。

让无条件助力你提升勇气，勇敢面对人生。请不要在一切就绪时，才勇敢往前走。你更应该做的是，即便在处境艰难的情况下也选择勇敢。

我想邀请你一起探索无条件，请相信，这次旅程定不负你所望，它不仅能帮助你挖掘出最好的自己，还能帮助你周围的亲朋们找到最好的自己。无条件的给予会让人变得更美好。这是一种无形而微妙的邀请，让大家有意识或无意识地加入进来。

在探索过程中，观察自己言行背后的发心。保持好奇心和清醒的意识，不要评判自己。常问自己：你所做事情的出发点是无条件的，还是把自己的期望投射到别人身上？

有意识地做无条件的事。有意识地站出来，说出真相，即便心有恐惧。这些将成为你勇气的力量之源，让你不再害怕。

愈有意识地选择勇敢，你愈能发现自己行为的出发点源自"真我"和真理。伴随而来的是一种无比轻松的自由。

✦ 旅程乐曲

- 我会让自己更勇敢
- 我所做的一切是不带目的和条件的
- 我坦诚并忠于自己、他人

✦ 服务区：发心的选择

规划愿景蓝图，选择发心，助力你抵达终点，准备好了吗？

让我们以终为始。请通过问自己以下问题，了解你的前进方向：我的人生愿景是什么？我希望因什么而被记住？我想留下什么财富（不仅限于物质和精神）？

也许你想这样被人们铭记：这是一位勇者？为大家的美好生活做出卓越贡献？好友难逢的知己，孩子钦佩的父亲／母亲，睿智的合作伙伴，令人引以为傲的女儿／儿子？创办的企业产生了广泛社会影响？或者以上皆有。

如果你更进一步，试想并写下自己的悼词。你想因何被人铭记？

明确了自己的愿景和价值观后，写下自己的发心。你将会如何呈现自己，以实现愿景？写下至少五个发心。

✦ 旅程日志

请开始思考以下问题。你可能会希望营造和平安静的氛围，以帮助自己更好地选择发心、记录到勇气地图中；你可以播放喜欢的音乐、点燃蜡烛或倒一杯心仪的饮料。

- 你觉得在什么地方，自己会变得勇敢？什么情况或事情，能成为你选择勇敢的契机？
- 目前，你恐惧逃避的是什么？
- 要怎么做，你才不会依附别人的回报，向无条件更进一步？你的生活中，在什么情况之下，对谁，会有条件要求？

原则四：信任

信任是勇敢生活的关键驱动力之一。缺乏信任，你的行动和决定将被矛盾、未知和恐惧所左右。在面临挑战、困难的时候，信任支持你勇敢地迈出步伐。

谈及勇敢生活，我们所讨论的信任有三种：信己、信他和信所有过程（就是我常说的"宇宙"）。"相信宇宙会支持我，给予我力量"是我强大的信念之一，它让我无畏地迎接挑战。

外面各种建议，众说纷纭。每个人都是某类专家，都想为你提供"为你好"的建议。并非所有建议都是有益处的，有的建议甚至与你的目标相矛盾。诸多建议好似灯光昏暗的迷宫，要怎么走出来？怎么知道哪些建议可取，哪些不可取？解决方法是：信任你自己。请调动你的大脑，设想自己内心已经知道答案了，即便它们目前还没有显现出来，让人无法识别。

最重要的是，你首先要相信自己，然后秉持信念：宇宙永远支持你。有时，在遇到困难特别是感觉穷途末路的时候，要坚定信念确实不容易！但只要你这样做，就会发现自己在生活中变得愈发勇敢。当然，这并不意味着天真或疏忽大意。信任是植根于经验、直觉和信息的综合分析。

✦ 相信你的能力

如果对自己的生活和工作能力有着清醒的认识，你将能够鼓起勇气做出自己的决定，而不受其他人的意见和故事经历的影响。了解并相信自己的优势有助于做出勇敢的决定，不管是"接受"或"拒绝"建议，你都充满信心。

在开始环球骑行之旅前，我并没有太多越野驾驶或在大城市拥堵的交通中穿梭的经验，我的能力仅限于会骑车。但在早些时候，我曾与朋友骑摩托车穿越意大利，我的骑车技术在那两周得到有效的提升，这对丝绸之路的冒险很有帮助。正是在为期两周的意大利之旅中，我获得了"意大利驾驶执照"，迈克也是这么调侃我的，那时候我们在伊斯坦布尔的土耳其式交通中疾驰而过，迈克紧随我身后。这个城市以"司机都是赛车手"而出名，骑行技巧的提升，让我更加勇敢了。这并不是鲁莽，而是对能力的自信。

不过，我的越野骑行技能依旧止步不前。所以，在格鲁吉亚山区骑行时，我一般都落后于迈克，按照自己的节奏，而不是高速地紧跟他。我必须对自己的能力有所判断。向前推自己一把，让自己学会承担可控的风险，且不会鲁莽草率。

请记住：勇气不等于鲁莽。勇气是相信你自己和你所拥有的能力，并根据你的实际能力做出勇敢的决定，而不是根据别人所说或所做的。

学会相信自己，你做得越多，就越有勇气。全然信任自己需要实践练习。先确定发心，然后刻意练习并遵循它。

相信自己，去追求最狂野的梦想。相信你的能力，勇敢生活。

✦ 宇宙会支持你

"宇宙会支持你"是我的核心信念之一，它帮助并鼓励我做出勇敢的决定。建议你也把它当成自己的信念。

相信宇宙总在身后支持自己，你会发现鼓起勇气这件事变得更加容易。因为你知道万物总有其规律，将按照它们应该发展的方向发展，并终将解决，即使目前看起来并不一定如此。

留意宇宙对你的眨眼示意。我很喜欢朋友分享的一个比喻：宇宙先是向你扔了一根羽毛。然后，如果你忽略它，接下来扔的是一块砖。如果你依然视而不见，向你驶来的就是大卡车！

比如，因为过度透支和工作劳累，没有好好照顾自己，你发现自己每隔几周就会感冒一次。也许还有其他不健康的习惯，一并出现在自己身上。尽管如此，你还是忽略了这些迹象，继续以往的生活工作方式。这是羽毛。

然后你的身体每况愈下，在床上躺了一个星期。你猛吃各种维生素，感觉稍微好点儿了，就马上投入工作。

几个月过去，你的健康状况进一步恶化，卡车驶到眼前了。但愿你在卡车快撞到自己前看到它，并下决心改变习惯。也许你请了长假，让自己暂时远离工作，恢复活力，或者为了更好地休息而拒绝一些工作任务。

在我们穿越阿塞拜疆、土库曼斯坦、乌兹别克斯坦、塔吉克斯坦、吉尔吉斯斯坦和哈萨克斯坦的旅程中，我的"乔治国王"（摩托车）开始累了——我也是！毕竟在泥泞的道路上骑行了那么长的时间，它也很辛苦。到达以山脉而闻名的塔吉克斯坦时，我们决定走一条特殊的路线，它被旅游博主描述为"胆小者勿入，只适合追求刺激、顽固的骑行者"。

我不是追求刺激的顽固骑行者，但我们认为写这句话的人一定是在夸大其词，所以我们决定无视建议，走这条路。原来他并没有夸大其词！这条路太挑战人了，需要横渡齐腰深的河流、穿过泥泞的道路、踏过崎岖不平的砾石、跨过冰雪覆盖的高山、适应蜿蜒变化的地形。同时，你也会目睹令人惊叹的旖旎风光。我们已经骑了一整天了，离住处还有很长的路要走。我的手脚都冻僵了，想赶紧找地方洗个热水澡，吃点儿东西，于是，我的车速超过了安全速度，突然间，我的摩托车在泥地上打滑了，我想加速摆脱泥泞，却失去了控制，骑出了悬崖边。我不记得自己用什么方法在跌落途中跳下车。"乔治国王"则继续往悬崖下三十米翻筋斗。

我仰面躺着，扶着伤痕累累的腿，无法控制地颤抖，眼泪顺着脸颊流下，我意识到自己并没有受什么重伤（多亏了防护装备），这真是奇迹。但另一方面，"乔治国王"看起来"伤势惨重"。经过仔细检查，我们认为它不再适合被骑乘了。我坐上迈克的摩托车，前往下一个村庄。那天的经历既狼狈又离奇，尽管如此，在停下车看到无数星星的时候，我们还是忍不住放声笑了。阿富汗边境，塔吉克斯坦的某座山脉悬崖边上，我的摩托车"重伤"瘫在那里，头顶是我人生见过的最美丽耀眼的星空。这离奇又好笑的故事编也编不出来！

第二天我们找了辆卡车接"乔治国王"。一位足智多谋，技艺精湛的塔吉克斯坦维修师傅竟可以将它重新组装并修好，令我又惊又喜！

这次事故好比宇宙安排的"大砖头"，正对着我的脸（或者应该说腿）扔来。我认真地对待这次警告，之后骑行都放慢了速度。我们再也不会高速骑行在黑暗的道路上。这块"砖头"或许挽救了我们的生命，避免将来出现更严重的危险。

留意此类"信息"，然后相信宇宙会支持你。信任让你勇敢地生活。

✦ 跟随陌生人

"你有点儿天真！"妈妈会不时提醒我：你在某某时候又做了太过相信别人的事情。有那么几次，我甚至觉得她说得对，偶尔回想，也许我确实有些天真。直到后来，我意识到，很多时候人们把信任当作天真。我非常相信自己和自己的判断力，所以确实会出现相信并跟随陌生人的情况。当然，也有很多次，因为感觉不对劲，我并没有这么做。我的直觉给了暗示，我相信它们。这种做法，让我的生命收获了许多宝贵时光。

那是一个多云的早晨，我和迈克骑车进入土耳其的一个小山村,准备前往"世界上最危险的道路"。我们认为在那儿买些零食是明智之选,防患于未然,万一我们被困在山上或打算在沿途露营,就有食物可以填饱肚子。我离开了迈克,大步走向一家小杂货店。

店员用友好的微笑迎接我。我用自己最擅长的手语指向架子上挂在棕色纸袋里的面包。一位穿着干净整洁裤子和格子衬衫的年长男士走进来,看着我,用土耳其语说了些什么,然后挥手让我跟着他。我照做了。

我们一起走到外面,从迈克身旁经过。迈克问:"你在做什么?",满脸疑惑。

"我只是跟着陌生人",我傻笑着说。然后补充道:"如果十五分钟后没回来,你就来找我。"易卜拉欣[①]带我到路边的一家面包店买面包,他亲手把面包递给了我,那可是一条刚从烤箱出炉、热乎乎的面包。我太兴奋了。新鲜的面包!噢,是我最爱吃的面包类型!肚子咕咕叫了起来,我咬了一大口热乎乎的面包——太美味了!面包店女老板慈眉善目,我们和她拍了几张照片后,易卜拉欣带着我回到了商店。

易卜拉欣示意我再去买些杂货。在我把钱包递给店主的时候——是的,通常我会直接把整个钱包都给他们,这样他们就可以找到对应的硬币和钞票(我完全信任他们会做诚实而正确的事)——易卜拉欣把我推到一边,直接付给那位女士几张土耳其里拉。一个陌生人出钱给我买东西了!我难以用言语形容!无条件的慷慨是如此美好。

---

① 指该土耳其人。

这是闪耀人性光辉的时刻——我常说的"仁爱时刻"的完美诠释——我将终生珍藏：完全陌生的人因善良而产生了链接。这是一次相信自己的直觉，跟随陌生人而收获的体验。

要相信他人，首先要相信自己，这样你才会知道什么时候可以追随陌生人。冒险旅程中很多奇妙的经历就是因为我信任自己和他人而发生的。

越关注自己的直觉，你就越能相信自己的判断，即使你当时的预感看起来不一定有用或者有意义。

✦ 假设大多数人都是善意的

这让我想到了自己另一个核心信念，你也可以考虑采纳："大多数人是善意的，并且愿意提供力所能及的帮助。"有时他们已经做到最好了，但在你眼中可能觉得平平无奇，这没有关系。

最近我在得克萨斯州达拉斯的一次会议上发言时，我很"天真"地把现金落在了酒店房间的长凳上，出门时忘记拿走，回来后它竟不见了。起初，自己真的很失望，因为我相信人性，且不认为客房服务员会行为不端。然后我意识到信任并不代表可以不合理地利诱怂恿他人。不管谁拿走了现金，或许他已经尽己所能了。信任不是愚蠢，或者怂恿别人做出不当行为；信任是依据你的直觉，然后大胆去做。

在整个旅程中，我一直观察着：当人们感觉到你给予的信任，自然而然地，他们会受到鼓励并尽最大努力不辜负你的信任！观察到这点我觉得很有意思。就好像你以身作则，通过你的言语或行为告诉人们：他们是值得信赖的。

试试看，你会因为人们反馈的善意而倍感惊喜。你会感觉自己的内心从恐惧和"我不信任你"转变为爱。

你相信人们是善意的，他们往往也会同样以善意回应，不负期待。就像我把钱包交给店员去寻找对应的硬币一样。我从来没被讹诈过（或者可能有，只是我没有注意到）。这个假设，会改变你生活和看待世界的方式。另一方面，如果你表现出对某人的不信任，认为他不值得信赖，那么很可能，他们会这样做而"不让你失望"。

我们在黑山共和国一个小镇中途停留时，我趁着还没出发，早早起床简单游个泳。热气腾腾的夏日，我抓起一条海滩浴巾，赤脚走下长长的楼梯，来到了海滩。走到一半，我发现了一个小水果摊，当地农民在卖树莓，他大约40多岁。我停下来告诉摊主，因为手头没钱，晚点取完钱再回来买树莓。

他不会说英语，但似乎听得懂。他递给我一篮新鲜采摘的树莓，并用手语做了解释，大致意思是"稍后再来付款"。我感激他对于陌生人的信任。我觉得自己受到特别优待了，内心更是不想辜负他的期望。这又是另一个"仁爱时刻"：勇气、善良和信任把彼此陌生的人团结在一起。

✦ 飓风之眼

用飓风来做比喻非常形象，很有画面感，你以此提醒自己要信任自己，它将助你安稳度过风暴。每场飓风的中心都有一个风眼，平静的"飓风眼"周围围绕着"眼墙"，这是飓风中表面风力最大、天气最恶劣的区域。

生活给你带来一场风暴，或者周围一片混乱时，请让自己脑海里浮现飓风眼的画面，想象自己在平静的飓风眼中，尽可能地脚踏实地，而不加入周围的嘈杂混乱。观察并保持清醒，但不要让自己卷入风暴。在这个平静的地方，你可以做出更聪明、更勇敢的决定。

觉得自己被卷入混乱时，提醒自己保持冷静。这个比喻能帮助你回到自己的内心，以便从信任和勇气出发，对周围的环境做出反应，而不是源于恐惧。

下次与伴侣发生争执，或者在工作中遇到挑战的时候，请对"风暴"有所察觉，一般情况下，你无法控制周围发生的事情，也无法控制其他人因恐惧而产生的举止和行动。但你可以选择保持冷静，相信宇宙会支持你，相信自己能够做出正确的决定，相信自己会勇敢。

全然信任后，你将能做出更勇敢的决定和行动，因为你知道事物各有其发展规律，一切都终将解决，尽人事听天命。

✦ 旅程乐曲

- 我相信自己。
- 宇宙永远支持我。

- 大多数人都是善意的。

✦ 服务区：相信并期待美好

在接下来的三十天里，相信你遇到的每个人通常都是善意的。在所有人际互动中，无论是与服务员、朋友、家人还是同事，都向他们展示你是信任他们的。如果有人给你提了建议，不要质疑，去相信。如果同事想提供帮助，请相信他们有这个能力。让陌生人觉得你是信任他们的，并观察会发生什么。

✦ 旅程日志

拿出你的日志并思考以下问题：
- 如果你更频繁地相信自己的直觉会发生什么？在接下来的一个月，请按你的直觉做出决定，看看会发生什么。
- 在生活/工作的哪些方面，你需要更多的信任，以帮助你变得更勇敢？
- 如果相信宇宙永远支持你，你现在会做出什么大胆的决定？
- 相信自己直觉的那次，你还有印象吗？感觉怎么样？

原则五：直觉

直觉的运用使你能够忠于自己，承担风险并做出勇敢的决定，即便这些决定在其他人眼里不一定合理。

相信直觉，让你不会受困在别人的要求或期待里。相反，你将依靠自己和内在的智慧来做选择，更勇敢地生活。

已故的苹果联合创始人史蒂夫·乔布斯说过："鼓起勇气跟随自己的内心和直觉，它们知道你真正想成为什么样的人，其他一切都是次要的。"乔布斯相信自己的内在智慧，尽管利益相关者强烈反对，但他还是做出了大量的勇敢举措，这是再好不过的例子了。

直觉来自你的潜意识，而潜意识处理信息的速度比你的显意识快得多，它让你更高效、更笃定地做出决定。不依赖外部信息，最终，你的直觉会帮助你更轻松地处理无法确知的事情。你开始运用自己的直觉后，就不需要再等到全部事情有所明朗时，才做出行动。

直觉帮助你更轻松、更勇敢地生活，因为尽管心有恐惧，你仍能感到有把握，自信不疑。

> "唯一真正有价值的是你的直觉。"
> ——阿尔伯特·爱因斯坦

✦ 什么是直觉

想要勇敢地生活，直觉是你工具箱中最强大的工具之一。你完全相信自己的内在智慧后，勇敢就会成为一种习惯、一种生活方式，而不是你偶尔为之的事情。

直觉是我们与生俱来的东西。那些突然起鸡皮疙瘩的时刻；突然胃部不适；没来由的感觉自己后背一凉，毛骨悚然；或者"某个声音"告诉你要离开某地、某种情形，你觉得不大对但又说不清为什么。

那是你的直觉在说话。一种来自内心深处的知识，而且，通常都很准确！那些看似随机发生的预感或潜意识给你的信号，将会指导你做出更好的决定。

人们经常将"相信你的直觉"称为"跟随你的心"。事实上，许多古代文明认为心才是身体最重要的部分，而不是大脑。

那么直觉又从何而来？为什么我们会收到这类潜意识的信号？直觉来自于你的潜意识，它能快速地收集并筛选你过往的经历，然后给出判断依据。

直觉是桥梁，架在显意识与潜意识、逻辑与非逻辑、分析与非系统之间。如果仔细感受，直觉将会是最强大的行动指南。

✦ 亲爱的直觉，你在吗？

如前所述，直觉是你与生俱来的能力。但有时你可能会忘记如何调动及运用它。各种经历和故事令你心烦，使你远离自己的内在核心，与内在的智慧脱节。

我在瑞士长大，直觉并不是瑞士人常会谈论的话题。坦白地说，在我23岁移居澳大利亚前，我都还一直无法完全领会它的意思。

瑞士文化讲究合乎逻辑和理性。在我第一次开始阅读有关直觉以及世界上有影响力的人如何根据这种内部声音做出决定的书时，兴趣之火被点燃了，我开始实践它，以理性的方式！我开始每天冥想，更加频繁地写日记，并留意自己在做决定时、在接触不同人、不同地方时的情绪和能量水平。

我慢慢开始信任自己的直觉，并根据我的"第六感"而不是纯粹的逻辑分析做出决定。

现在每次需要做出重大决定或者经历生活或工作转变时，我都会求助于我的日记。在寻求朋友的观点之前，我先问自己。如果是属于个人范畴的决定，我基本不咨询别人，因为我希望自己的决定来自内心最真诚、最纯粹的地方，来自潜意识，植根于我的直觉和内在指引。

我知道朋友们都想为我提供最好的建议，即使把事情搞砸了，他们也会支持我。大多数时候，他们的建议非常有价值，与我的想法不谋而合，当然，也有相反的情况。我相信直觉会引导我，在处理自己的想法、提出棘手问题的时候，我会提醒自己要保持勇敢。

相信自己的内在智慧并行事，有时候别人会认为你的决定不合逻辑。非理性并不意味着愚蠢或盲目。它仅仅表示决策过程并非纯粹基于理性或逻辑分析，知识的来源可以有很多种。

信任自己的内在智慧，那些我所做的最勇敢且最不合逻辑的决定，事实证明，它们是最正确的。比如说，在为公司招聘人才的时候，最合适的人选往往是我完全基于直觉招进来的人，之后我才会理性地进行背景调查和其他常规程序。

当你生活在恐惧而不是勇气中时，你会更容易质疑自己的直觉，甚至不信任它。结果，你可能更会相信其他人的意见。问题是，你并不需要导师，你才是自己最强大的导师。

✦ 调动和运用直觉的五种方法

1. 倾听观察

练习自我感知的次数越多，你就越能相信自己的直觉。它一直都在和你交流，但你可能不一定总会听到、感觉到或看到它。你与自己和周围环境的联系越频繁，你就越能留意到直觉预感。

学会倾听来自身体、知觉、想法和感觉的声音。尝试的次数越多，越能让勇敢生活成为你的习惯，变成一种存在，而不是偶尔会做的事情。

真正做到善于观察。观察你自己、你周围的环境和人。观察你的感觉，它是如何回应不同的情况和人的。观察倾听得越多，你就能越多地感知直觉发出的信号，发现巧合。

留心自己的身体反应。是否会感到心跳加快、身体疼痛或手心出汗？还要留意自己的情绪，若有时候感到不安，这可能是你的直觉在提示你。

你不需要刻意寻找来自宇宙的信号，或者以没有信号为借口拒绝做出勇敢的决定。相信内心出现的想法或身体感受，无论有多不合逻辑或不合理。

2. 与你的心建立纽带

心脏是你最强大的器官。它布满了装载知识的神经细胞。把手放在心上与它产生联系。听听，心想告诉你什么？

许多潜意识的信息和记忆都储存在这个器官中。许多人在接受心脏移植后，因为新心脏中的细胞记忆，他们的能力、兴趣和偏好都发生了变化。

有时，我发表主题演讲时会有意识提醒自己要以开放的心态和包容的思维出场，我发现自己竟然凭直觉分享了许多很有见地的看法，而这些真知灼见，原来已在脑海中，我先前竟不知道。我不认为自己能和外星人沟通联系。我相信这是因为这些年来我的人生阅历、阅读的书籍和吸收的信息都储存在我的潜意识或心中。所以，在自己思想放松且敞开心扉的时候，这些信息就信手拈来了。

你越是有意识地敞开心扉，你就越能调动你的直觉。

3. 练习正念

时下，正念成了流行术语，这是有原因的。它不仅仅让你更好地感受当下，练习正念还有很多好处，其中之一便是感知来自直觉的信号。这是因为经常练习正念和冥想可以帮助你屏蔽影响直觉感应的噪音。

有时你可能太忙而没有注意到内在智慧发送的信号。平静自己，专注当下，你的显意识将能感受、听到和看到来自你的潜意识的信号。

如果你不熟悉冥想或一直在苦苦挣扎无法投入，暂时先不要去考虑成果。10分钟的冥想，你花了9分钟思考这个世界（或你的人生）或者晚餐吃什么、下一个假期要去哪里、最近的某次对话或者懊恼于为何自己的思绪到处乱飘、无法专注，这些都是正常且允许的。让冥想成为日常习惯，一分钟专注的冥想，会变成两分钟、三分钟，越来越久。

4. 拥抱孤独

请有意识地花更多时间让自己独处。学习如何与自己重建联系，倾听自己的感觉、想法和情绪。

对于喜欢被人包围并从他人那里获取能量的外向者来说，拥抱孤独可能会有些困难。而对于内向的人来说，花时间独处会相对容易。其实，安静地给自己充电是非常有必要的。

时不时抽点儿时间去大自然中走走，坐在树丛中，在海里游泳，或者在公园里散步，做到完全感受当下。次数越多，就越能够倾听并察知你的内在指引。

如果感觉脑袋里冒出各种想法不断叨扰，使你无法全然感受当下，那么试试冥想或用一些更深层次的问题来让你的大脑思考，或参照本书每条原则而编写旅程日记，那里有足够的素材可供思考。

5. 快速决定

不要忘记，由于潜意识比显意识更高效地处理信息，直觉能让你更快速做出决定。因此，锻炼直觉的一个非常好的方法是强迫自己更加快速地做决定。需要做决定时，请聆听并接受脑海里第一个闪现的答案，然后执行。先练习相对不重要的小决定，不断尝试，熟练掌握并对"信任自己的直觉"愈发自信以后，再用同样的方法来应对更大、更困难和更勇敢的决定。

优柔寡断会让你错过很多千载难逢的机会，妨碍你做出勇敢的决定。学会倾听来自内心的声音，让你的内心导师指导你。

✦ 我们需要共情力

了解如何运用直觉后，你也将学会拥有更多的共情能力。共情是人类一种理解和分享他人感受的能力。这不仅能让你成为更好的领导者、父母、同事或朋友，而且是当今时代迫切需要的。

发展直觉力让你能设身处地为他人着想，而不加评判。它可以帮助你了解别人的感受，以便做出适当的反应。它让你能够无私地感受别人的快乐或共享别人的悲伤。

共情为你提供力量，让你勇敢地为多数人的利益着想，而不是满足一己之私。

成为一位共情、有同理心的人，你将能从正直出发，做出勇敢的决定。

请练习从自己的内心出发做出决定，而不是让别人为你做决定。直觉是帮助你勇敢地生活的最有力的工具，学会运用它并相信自己。有时，你所爱的人可能不明白你的这些勇敢的决定从哪里来，这没关系。因为他们爱你，可能会担心并想保护你的安全。你不需要被别人保护，你有直觉的引导。

相信自己，去追求你最疯狂的梦想。相信你的能力，勇敢地生活。

✦ 旅程乐曲

- 我相信自己的预感。
- 我的直觉指引着自己。
- 我有共情能力。

✦ 服务区：信任你的直觉

在接下来的三十天里，完全相信你的直觉。每当面临选择时，请向你的内在智慧寻求答案，并相信第一时间出现在脑海里的想法，即使目前你不一定能领悟它的意义。

✦ 旅程日志

拿起你的勇气地图并思考以下问题：
- 与什么人在一起或在什么地方时，你出现了生理反应？

✦ **打破勇气的边界：** 重塑生活的 13 条原则

当时发生了什么？

- 什么时候，你会觉得与自己的联系最深？
- 思绪完全平静下来，让身体全然感受当下，你会怎么做？
- 你还记得某次，你相信自己对某件事的直觉，结果证明这是你做得最好的决定吗？

原则六：爱

"始终保持一颗开放的心"是我的发心之一，它强大而有力。我承认，自己并非百战百胜，仍在边走边学，但"保持开放的心态"对我的生活、个人进化和践行仁爱产生了惊人而深远的影响。

敞开心扉将使你做出勇敢的决定，充分体验并享受人生。选择以开放的心态生活需要勇气，长期保持敞开心扉则需要更大的勇气。筑起心墙封闭自己很容易，尤其是在觉得自己会受伤的时候。如果行为的背后是恐惧，你更有可能封闭自己的内心以保护它；反之，如果是勇气，你就能够做到无论在什么情况下，都让自己的心态保持开放。

以开放的心态生活，你将收获丰富、充实和深刻的人生，以及更加博闻强识的自己。开放的心态会引导你勇敢地生活，与你内心的"真我"保持一致。

我意识到，在敞开心扉面对生活的时候，自己的经历会更刻骨铭心，生活也变得轻松而没有负担，还会体验很多奇妙的"巧合"。每次因为某些经历或故事而关闭心扉的时候，我都感觉自己再一次远离了勇气和真相。

封闭内心好比是在召唤恐惧，让恐惧在你的思绪里恣意妄为。与其让恐惧支配思想，不如有意识地敞开心扉。你会感觉清醒、充满活力且从容自爱。

✦ 爱与恐惧

我们大部分的行为由两种主要力量驱动：爱和恐惧。

源于恐惧的情绪通常是由于稀缺性和控制自己能力范围以外的事物的需要。恐惧驱动的反应常表现为沮丧、焦虑、嫉妒、粗鲁或愤怒。

出自爱的情感是基于一种宽广的维度，是对丰盈生命的理解，而不是睚眦必报的循环。爱让你勇敢地生活，以顺其自然的心态面对未知。承载着爱的回答是彼此尊重，它勇敢而不失悲悯，是包容与理解，亦不乏深思熟虑和诚恳关切。

因为爱，做出勇敢决定这件事变得更加容易。学着顺应生命自然流淌，而不是与超出你可控范围的事物作抗争。

拥抱爱的力量，更勇敢地生活，首先要与自己建立纽带。

✦ 链接你自己

链接自我是信心和勇气的终极力量。当你感到与自己内心有联系时，你会觉得勇敢的生活方式是安全的。相反，与自己和"真我"脱离了链接，你会怀疑、矛盾，使恐惧伺机而入。

与自己建立链接后，即便感觉到不适，也不妨碍你做出更勇敢的决定。你会了解自己不想和什么类型的人共度时光，因为在他们身边时，你会觉得自己的能量在消耗。

敞开心扉，融入你的"真我"，你会感受到一种深深的联系、安宁和满足感，也会觉得自己变得更加敏锐和有方向感。

但要如何敞开自己的心扉，如何让它保持开放呢？这个过程可能需要五分钟、几天、几周或几个月，取决于你想让它持续多久。让我们从保持开放的心态做起。

心扉敞开、能量从身体流淌而过的时候，你不仅会感到意识更加清醒，而且会更加勇敢。你的生活将不再有遗憾。

敞开心扉的方式有很多种，而我最喜欢的是融入。

✦ 融入心田

融入心田是非常好用的技巧，它不受时间地点的限制。

这个技巧让我想起了冲浪时浪板与海浪的融合。我坐在大海中等待海浪在我身后升起，海浪涌来，我必须做出选择。如果犹豫或怀疑，结局很可能就是我被扔进"海洋滚筒洗衣机"，翻个底朝天。如果选择相信并全身心融入海浪中，那么浪潮会把我抬起，让我能流畅起乘。我跳起来，一路划过海墙，开怀大笑，心满意足。事后回想，脸上总能洋溢着欣喜的笑容。

融入心田，不管是对别人还是对自己，你将感受到一种更深沉的爱。能量从你身上流淌而过，让你的生活充满勇气。

融入心田最好的方式是：闭上双眼，把手放在左胸口心脏跳动的地方，想象能量从手中流过，感受爱和链接。专注于内心的感觉，缓慢地深呼吸。几分钟后，一种镇定与安宁的感觉取代了恐惧引发的情绪。每当感觉自己处境很艰难或觉得自己没有很勇敢地面对生活时，请多多尝试融入技巧。我经常在睡觉前把手放在心上，感受深度链接，醒来的时候还会再这么做一次。

感到脱离链接或受伤的时候，我不会让恐惧的情绪淹没自己，而会把自己的手放在心上，对自己重复着适合当下情境的旅程乐曲，比如"无论什么情况，我总会敞开心扉"，或者"宇宙永远支持我"。找到对自己有效的"能量口诀"并试一试。你会惊讶于自己的心态通过练习竟能有如此快速的改变。

你可以在任何地方使用这种技巧：在飞机上、在办公室或者排队时。把手放在心上时，想象内心是开启的，能量缓缓从心流淌而过，眼睛可睁可闭。相对于形式，更重要的是你的发心。感觉不舒服，或者没有做出勇敢的决定时，我都会提醒自己回到内心深处。

每次需要培训或主题演讲时，我也会使用这个方法。我知道，如果自己发表的演讲与内心有深刻链接，将对观众产生更大的影响力，有意识地融入心田，传递的内容是源自内心深处极其真诚、质朴的地方。

如果你被别人当情绪垃圾桶发泄了，这个技巧也非常有效，它可以帮助你恰如其分地应对这些情绪，而不用关闭或阻塞能量的流淌。

人类是潜力无限的生物。我们能发挥自身的能量，通过意识对个体和集体产生影响。我常在未知会别人的情况下，向其他人表达爱和善意，或言行和举止，这也是通过融入技巧来实现的。

几个月前，我最好的朋友正经历一段非常艰难的时期，所以我决定把自己的每日融入技巧分享给她。每天我都会把手放在胸前感受心的能量，再把能量传递给她，持续了几个星期，直至她摆脱了阴霾，再次沐浴在明媚的阳光下。我朋友后来告诉我，她在最需要的时候感受到了深刻的爱和链接。这一切对你来说，或许有些天方夜谭，可为什么不试一试呢？感受并向外界给予多一点儿的爱，不会对你造成任何损失。

如果在你的生活中有人亟需帮助和支持，请把融入技巧分享给他们。或者，如果你想变得更勇敢，试着以德报怨去对待那些误解你的人。积极影响他人，自然而然，自己也会变得更加积极。

✦ 如何挖掘能量

记住，保持一颗开放的心，能量就会从你身上流淌而过。你不会感到萎靡不振或沉重，而是清爽并意气风发。

"你为什么总是精力充沛？"人们经常问我。"是因为你所吃的食物？还是所摄入的咖啡？还是某些具有奇效的能量提升疗法？"

这或许是很多因素综合作用的结果。我吃得健康，也确实是咖啡爱好者，但我没有服用任何奇效药。可以肯定的是，有意识地保持敞开心扉为我提供了充沛的精力。我还注意到，若是把内心封闭了，便能感觉到自己能量发生了变化——人变得沉重，就好似有人把我从能量充电桩补给能量的插头给拔掉了。

最近，因为我把心扉关闭了，和所爱之人的沟通变成了一次不愉快的交流。这种反应起初是无意识的，源于我们双方的消极讨论，令人十分气馁。多数情况下，我每天醒来都是精力充沛的，但那次我感到疲惫不堪，不再是那个活力十足的自己，发觉能量与往常不同。我便反思分析，原来这和前一晚的讨论有很大的关系，我把内心封闭起来以避免被人伤害或者伤害别人。这种情感生于恐惧而不是爱，顷刻间，便损耗了我的能量。

了解自己的行为，就能有意识地做出决定，重新敞开心扉。这并不总是件易事，但你一直都拥有选择权。请下决心敞开心扉，对即将发生的一切拭目以待。

融入自己，你会感觉到一种扎根于大地的踏实。你与自己的内心和他人的联系变得更有深度，却不妨碍彼此的独立，能够更少地索取，获得更多的和谐。

这种踏实、爱和链接的感觉将滋养勇气，让你的勇气与日俱增。

✦ 爱不是限量供应的馅饼

爱是广袤无垠的。既然如此，为什么我们要把爱看作馅饼呢？就像你给了别人四分之一，自己就只剩下四分之三的饼了？爱是取之不尽用之不竭的，它并非限量供应。

如果以勇气靠近爱，你眼中的爱就是浩瀚无垠的，你建立的关系是基于丰盈的情感的。反之，如果怀揣恐惧走向爱，你眼中看到的是不尽如人意或大失所望，你的人际关系会唤起诸如嫉妒、沮丧，甚至是占有欲之类的情感，这些情感令你与勇气背道而驰。

我们很难做到无条件地付出爱，原因是我们经常会设条件满足自我需求。例如你爱我，我才会爱你。设想一下，如果我们不为爱设条件，会怎么样？如果我们只是去爱，无任何附带条件，会怎么样？

我们可能会受伤。有条件的、战战兢兢的爱，比起顺应事态自然发展，更能保护我们的心不受到伤害。

爱植根于恐惧时，常出现的情绪是嫉妒、沮丧、焦虑或不值得。嫉妒来自对潜在损失的恐惧，正是这些恐惧让你想要封闭自己的内心。然而，这种时刻，更需要你发挥自己的勇气，有意识地敞开心扉，与恐惧同行，神奇的变化就发生了。

如果伴侣因其自身经历和故事而以某种无法令人理解的方式行事，将会引发你的恐惧情绪并回应。此时，封闭内心或许是种身体的默认机制，它可以保护你免受即将发生的痛苦。

如果你爱得深沉，尽管痛苦不堪，仍坚持敞开心扉呢？如果你本就做到了无条件付出爱，怎么办？与其试图改变对方以适应你的观念，不如选择爱他们真实的样子。这并不意味着你必须接受对方的所有行为。当你了解自己的"真我"以及你在两性关系或其他关系中的需求点是什么以后，可能会选择终止这段与"真我"相矛盾的关系，这是可行的。

不附加条件，更勇敢地去爱。如果伴侣并不友善相待，尽管你心中伤口还未愈合，你能否以善意的方式回应呢？前方充满挑战，你敢爱吗？尽管痛苦，你还能保持敞开心扉吗？是的，你可以的！

勇敢地爱，你的伴侣也定会紧随其后。以身作则，而不是纸上谈兵、指手画脚。让你的"真我"指导你的行为。

至深的爱将赋予你勇气。勇敢而开放的心态将为你提供深入的链接、成就感和静谧感。勇敢而真诚的爱也会带来深远遂意的人际关系和友谊。

✦ 章鱼

章鱼是最形象化的事物，能够用来解释人际关系与深层链接。想象触角繁多的章鱼：在"索取"型或恐惧导向型的关系中，"章鱼"将所有触角都缠绕在你周围，试图紧紧抓住你。但是在勇气和"真我"导向型关系中，只有少数的几个触角是联结的，允许双方按照各自的意愿独自活动。

感觉到与自己深刻链接后，去哪里你都会觉得如家般自在，而且能与别人建立更深厚、更有意义的情感联系，使你有勇气在周围的人面前展示自己的脆弱。

当内心有链接的两个人走到一起后，他们建立的友谊会更丰富有趣、更深刻真诚。这种链接是自发的，而不是出于需要或索取。根植于丰盈、勇气和爱的链接将帮助你们发现最好的自己。

✦ 感受你所有的情绪

人类是复杂精密的物种，能感受色彩斑斓的情绪，从阴郁的蓝到明朗的黄，从悲愁垂涕到喜不自胜。不管是否选择勇敢地生活，你每天都会感受到各种各样的情绪。勇敢生活的美妙之处在于，你能够将自己置身于各种情绪中，如狂喜、害怕、愉悦、紧张、满足、焦虑、轻松、犹豫等。情绪帮助你进化为更完整的人。

令人不安的情绪是生活的一部分。应对这种情绪且避免它扎根在你身体里最好的方法是：不要把情绪推开。与逃离相比，让自己沉浸在不舒服的情绪中需要勇气。

如果通过毅力、逃避现实或其他自以为聪明的方式来对抗或麻痹感觉，感觉的流动会被堵塞并造成能量阻碍，这些能量阻碍会在以后反咬你一口，而那时的你对于自己情绪或身体上痛苦的源头却无从知晓。

无论情绪是愤怒、沮丧、心碎、失望还是悲伤，让自己沉浸其中、感受它，让它浮现在脑海里，这样它就能从你身边流过。就像大海在你前面掀起的海浪，你无法阻止它，但可以潜入水底让海浪从身上涌过。保持敏捷，可能会沾上点儿浪花，但没关系，你可以学习冲浪。倘若你试图与之抗争，你很快就会力竭声嘶。

下次遇到自己常选择视而不见、试图逃避或抵抗的情绪时，试着去拥抱它。最后，情绪会自行消失。但如果你忽视自己的情绪，它们会以更激烈的方式重现。

在伊斯坦布尔的时候，远方的朋友专程搭乘飞机从国外来到土耳其与我会合，我们一起探索了这个城市。我们共处的日子留下了许多美好的回忆，后来因为要离开这座城市前往下个目的地，我们分开了，我不禁悲从中来。我没有把情绪推开，而是让自己感受悲伤。我抓起头盔，破门而出，骑着摩托车漫无目的地四处晃荡，感受风从耳边呼啸而过，但头盔里万籁俱寂，让自己完全沉浸在忧郁情绪中。几个小时后，我感觉拨云见日，油然而生的感激之情取代了原先的悲伤。

这提醒了我，感受自己的情绪而不是逃避它们是多么重要。

其实，自己并不是一开始就有这种领悟的，如果有逃避和忽视负面情绪的比赛，第一名肯定非"年少有为"的我莫属！记得父亲突然去世的时候，很长一段时间，我都在试图逃避自己内心的悲伤和苦楚。起初，我否认他的死亡。后来，我试图麻木或忽略自己的情绪，避免让自己感受痛苦。很长一段时间，我失去了对生活的热情，变得越来越草率随便，事后这给我带来了很多麻烦。我以为最好的策略就是忙碌起来，这样就能麻痹自己，其实我是在逃避。

以上全部方法都没有成功。我不自觉地做这些事情是为了逃避意外丧父的悲伤情绪。我不知道如何处理或感受这些前所未有的情绪。

这种情况一直持续了好几个月，悲伤、愤怒不断升级，变得愈发强烈，令我无法再视而不见。我在沙滩上度过好几个午后，望着大海，止不住的泪水顺着脸颊流下。终于，我正视悲伤了，我意识到自己不必总是坚强，表现脆弱有何不可呢？

父亲已经离开我们十多年了，有时想到他，自己还是无法抑制悲伤，情绪低落。了解自己当下的想法，让它们自然而然地在脑海里出现，而不去对抗或试图忽视它们。这里面自有其神奇之处。

几年前，在父亲的忌日，日落时分，我一个人待在海里，看着天空中的颜色变幻，黄旗紫盖，余霞成绮，大自然描绘了一幅令人惊叹的超现实画作，令我屏息凝视。由于太思念父亲，微咸的泪水不禁流下，与咸涩的海水交融在一起。我依旧待在海里，不胜悲哀，尽情让悲伤淹没自己；片刻后，我内心充满了感激之情，美好而平静。

鼓起勇气在生活中保持敞开心扉，你会感觉到更深刻、更丰富、更强烈的情感。生活将变得更加丰富多彩，你的经历也会更加妙不可言。

✦ 旅程乐曲

- 我始终保持一颗开放的心。
- 爱是广袤无垠的。
- 感受各种情绪，谁说不可以脆弱？

✦ 服务区：融入心田

在接下来的三十天里，通过融入心田的练习有意识地链接自己的内心。每天晚上入睡和早上醒来时，将一只或两只手放在心上，缓慢地深呼吸，你将感受到平静和链接。如果觉得自己封闭了内心，请有意识地保持心扉敞开。随着与内心链接的频率提高，观察自己的能量水平。

✦ **打破勇气的边界：重塑生活的 13 条原则**

✦ 旅程日志

拿出日志，思考以下问题。

- 如果设定"我总是保持一颗开放的心"的发心，你的生活会发生什么变化？
- 什么时候你最有可能会封闭内心？
- 还记得你封闭内心是什么时候吗？在什么情景下？发生了什么？你感觉怎么样？
- 在生活中的哪些领域，你是以恐惧而非以爱的方式去接近的？
- 如果你的人际关系建立在勇气的基础上，关系会如何转变？如果你勇敢地爱会发生什么？
- 你在何时何地会对抗自己的情绪？你怎样做才能自然而然地接纳自己的情绪？
- 你的各种关系是基于爱和勇气，还是基于恐惧？

原则七：善良

在上一章，我们探讨了鼓起勇气，以开放的心态面对生活。善良是这一原则的延续。这是爱在实践中的应用。

以善良和勇气为出发点的行为将会形成积极并且能够自我延续的循环，两者相互促进。在生活的各个领域实践仁爱，你能发现更加五彩斑斓的世界。

> "善似雪，善之所及如雪之银装素裹，步履行至为美。"
> ——卡利尔·纪伯伦

我开始热衷于行善。对行善的沉迷对我生活的方方面面以及周围的人和事产生了积极的影响。看似微不足道的善举可以产生巨大而积极的影响。希望你能和我一起传播更多的善意。

善意，是不管什么情况，都能做到为他人着想。这是真诚而勇敢的关爱，且不会让自己卷入是是非非中。

勇气使你能够独立于人们的行为方式之外，不受他人行为的影响。就像爱一样，有了爱，即使面对别人因恐惧做出的行为，你也能以善意回应。

另一方面，如果行为是恐惧驱动型，你就会给善意附加条件，即只有当别人以善意回应你时，你才会以善意对待别人。

善良的力量是无法估量的。善良是一种人生哲学，不用等到自己成为特蕾莎修女才开始让善良成为你的超能力。

✦ 善待自己

让我们从自己开始。与周围的人分享无条件善意的前提是善待自己，否则，这个过程将布满荆棘。

你如何回应自己？你是否发现自己经常因为某事而自责？你是否经常在脑海中评判和批评自己？你是否过度担心和焦虑某些事情？你有好好对待自己吗？

也许是考试中的表现不如预期，或者合同投标失败，亦或是业务增长速度慢于计划。回忆生活或事业中最痛苦的失败，你想到了什么？你如何看待自己的缺点？当自己犯错时你会做何反应？

观察自己的反应和回答。请记住，或许你无法控制环境，但要如何应对的决定权始终掌握在你手中。你的想法和行动取决于你的选择。那么，你会选择善良吗？

✦ 总以善意回应

"总以善意回应"是非常有力量的口诀。你对人或环境做何反应，观察此刻的自己和周围的人，是件很有趣的事情。

让我们看看反应和回应之间的区别。反应是以一种快速、冲动的方式处理事情。通常无法给事件的各利益方带来最佳结果。

回应则相对周到，你不会立即做出反应，而是花时间思考，以善意为行动出发点。无论是展开重要的商业交易、与亲人交谈还是与陌生人互动，深思熟虑的回应常会产生较好的结果。

想象自己收到一封让人心烦意乱的电子邮件。如果立即做出反应，你很可能怀着沮丧的心情回复邮件。如果深吸几口气，然后平静地回应，你就能从善意的角度思考，而这通常能带动他人以积极的方式回应。有意识地践行善意，你将在这方面做得越来越好。

电子邮件交流是练习反应与回应的好方法，因为你不用即刻反应，可以坐在椅子上，闭上眼睛，深呼吸，从一数到三（或一千，只要你愿意），然后以善意的方式回应。

但如果是现场呢？有人口头对你人身攻击或粗鲁待你时怎么办？面对面的时候，需要更多的意志力和勇气保持善良，因为你无法躲在电脑屏幕后面做呼吸练习。当你感到要血压骤升、火冒三丈时，深呼吸，想想你所爱的事物或人，并尽你所能以善意回应。要做到此并非易事，但请相信，它是值得的。

几年前，我在旧金山租了一辆汽车，准备取车然后开车去圣克鲁斯静修。走进租车办公室后，黑压压的游客队伍扑面而来，大家都在等待取车，我顿时心如死灰。终于轮到自己了，窗口的女士脾气非常暴躁，这可以理解。我敢肯定，与游客打交道绝对能提高你的善良和耐心水平。

完成表格填写后，我问她圣克鲁斯分店的关门时间。她长长地叹了口气，然后厉声说："我不知道。"

我心想，"找出答案难道不是你的工作吗？"零星的挫败感在我心中蔓延。但后来我提醒自己，以暴躁脾气回应别人的暴躁脾气是没有意义的，于是我深吸一口气，在心里重复着："永远以善意回应。"

我拿出手机，查了一下圣克鲁斯分店的电话号码，打电话询问了营业时间。我善意地与那位女士分享了这些信息，并确保自己听起来不会有讽刺或尖酸刻薄的意味。

她看着我，我看到能量的转变，她的情绪从暴躁不安转变为轻松释然。她意识到这个世界并非针对她，我们并无恶意，同在一个时空下。

这个时刻转瞬即逝，但它如此有力量，让我们彼此都变得更好了。很酷的一点是，相比不近人情的回应，善意回应所需的努力并不会多于前者。

后来，租车行的女士微笑着把车钥匙递给我，并自豪地宣布她把我租的车升级为更宽敞的车型，而实际上我并不需要，我来自欧洲，更擅长开小车（美国的中型车就像欧洲人的卡车）。但我不想显得不近人情，所以以表达谢意后，我拿走钥匙，取走了有"特殊待遇"的豪车。后续故事更精彩，在我准备靠边停车去吃午饭的时候，车竟被我这个"老司机"开得撞上了人行道护栏，爆了胎，幸运的是，路边援助能提供帮助！

当你感到恐惧时，以善意回应需要认知和勇气。与其他技能一样，你实践无条件的善意越多，它就会变得越容易。就个人而言，为了能在回应中保持勇气，我喜欢在内心重复"总是以善意回应"的口诀。在很多情况下，它似乎能化腐朽为神奇。

原则七 | 善良

下次面对恐惧引发的情绪时,你将选择如何应对?你能善意地回应吗?

✦ 谢谢你的善意

善良不是盲目地接受或原谅他人的行为。建立明确的界限,这样就不会让任何人以善良的名义践踏你。当坚持自己的"真我"时,你会为自己和他人挺身而出,不带侵略性,而是带着坚定和得体的善意。

如果陷入恐惧之中,你更容易做出伪善的行为,出于担心别人的反应或对自己的看法,你会因为他人而改变自己的选择。把善意建立在勇敢的基础上,并期待别人的善意回应,即便别人没这么做,请你也鼓起勇气保持善良。

每当你因别人的行为而感到不快时,请提醒自己"始终以善意回应",即使你的第一反应是沮丧、暴躁或愤怒。一个优雅且坚定自己立场的人是非常有魅力的。我发现善意是人类所拥有的最吸引人的特质。通常情况下,你善意的回应会缓和对方的态度,并激励他们也这么做。

✦ 如何做到善意回应

为善良挺身而出需要勇气。如前所述,在你遇到压力时,以善意回应需要更大的勇气。

即使不赞成别人的行为和反应，你仍可以选择如何回应。

无条件地表达善意是能够通过后天学习的。无论人们的境遇或成长背景如何，每个人都有善良的基因。

或许你觉得这过于乐观，自己就是无法做到。我相信你的能力，你能够做到，这是毋庸置疑的。让我们来看看哪些行为和信念会帮助你在生活中实践更多的善意。

1. 人们已经尽其所能

"每个人在自己能力范围内已尽其所能了"，这是我非常喜欢的信念。"尽其所能"取决于人们自身的经历和相信的故事。人之初，性本善。只是有些人因为痛苦的经历和令人沮丧的故事而逐渐变得铁石心肠。

遇到情绪垃圾或不友善的言行举止时，请记住，他们的行为很可能与你并无瓜葛。

某个人在没有任何明显原因的情况下，粗鲁待你，你很容易得出结论：这不是一个好人。但如果当时他正经历一生中最糟糕的一天，或者刚收到晴天霹雳似的坏消息，你会怎么想呢？不求回报的善意可能会对他的一天产生积极影响并产生连锁反应。

时下流行的分手话术"你是个好人，不是你的问题，是我配不上你"很适用于这种情况。究其行为背后的原因，往往是他们自己的故事和经历，与你没有关系。

请假设大多数人都是好人，即使他们行为的合理性有待商榷。每个人都有脆弱的时刻。但是，做一个混蛋和表现得像个混蛋两者有很大区别。与其认为某人"是个混蛋",不如将陈述改写为"他表现得像个混蛋"。这不是对身份的定义,而是一种行为,而且很可能是一种暂时的行为。

"每个人都尽其所能"的信念使你能够保持友善,并引导你进入下一种生活方式:为他人的成功而出谋划策。

2. 共谋大家的成功

在丝绸之路上旅行时,观察到的一个现象令我备受感动。我经常在完全陌生的人之间感受到"我在这儿,你是安全的"的氛围,不限男女。在大多数情况下,我们的肤色、政治观点和宗教信仰大相径庭,但我觉得一路上遇到的人都在为我们的成功而出谋划策。我认为,骑摩托车旅行时,虽然骑手是脆弱的,暴露在各种社会环境和自然环境中,但常得到别人帮助。这让我卸下了心防,许多令人难忘的人性光辉时刻因此而得以展现。

当你的内心丰盈而充满勇气时,共谋别人的成功于你而言,是自然而然、水到渠成的——你只会觉得这很正常,往前走便是!这种生活方式多么美妙和迷人。

你可以将"共谋大家的成功"应用在不同类型的场景,配合别人的工作,让事情更简单高效地完成,或者展现真诚、鼓舞人心的微笑。

那天,我们正在土耳其高速公路上骑行,我紧随迈克骑在后面,通过对讲机,听到迈克在说:"哦,我们要被警察拦下检查了!"

"终于!"我高兴地回答。"终于可以切身感受下土耳其当

♦ **打破勇气的边界**：重塑生活的 13 条原则

局，与他们来次'亲密'互动！"像往常一样，迈克挥手让我先往前走，这样我们就可以使用"反向性别歧视[①]"与警方进行谈判。我把摩托车停在严肃摆着扑克脸的警察面前，摘下头盔，笑了笑。警察嘀咕着"玛哈巴"（merhaba，土耳其语问候），示意我们出示护照和摩托证件。

我从摩托车上下来，带着轻松、俏皮的笑容和"我很配合并且会帮助你完成工作"的态度拿出证件。

另一名警察站在旁边，漫不经心地喝茶。我笑着看着他，俏皮地问道："Chai（在土耳其语中意为茶）？"他严厉的脸上露出一丝微笑，紧接问我是否来点儿茶尝尝。我高兴地点了点头，他用手势示意我们把摩托车停在警车旁边。

五分钟后，我们坐在路边和土耳其警察一起喝茶，全然享受几分钟的休闲时光，把摩托车检查的事情抛之脑后。这是人与人之间互动的完美时刻，感觉就像我们在为彼此的成功而出谋划策、相互扶持。过了一会儿，我们再次骑上摩托车准备继续我们的旅程，其中一位警察站在路中央，帮忙阻挡来往的车辆，以便我们可以安全起程，当时交通还算通畅，并没有堵塞，但我知道，这是他表达支持的方式。

为人们的成功而出谋划策会让你更勇敢地生活，因为当你觉得自己在交朋友而不是面对敌人时，会感到安全，你们彼此互为

[①] 一个学理概念。所谓反向歧视是指为追求实质平等，对特定群体或个人给予的特定保护超过必要的限度而形成的对一般群体或个人的不合理差别对待或制度安排。

后盾。

3. 做观察者，而不是评判者

指责、评判和把问题归咎于他人已是全世界范围内普遍存在的现象。责备源自恐惧，除了能让你把责任推给别人、减轻自己的思想负担外，它没有任何好处，无法解决任何问题。

责备就是把能量转嫁给某事或某人，这无助于你勇敢生活。所以，与其责备或评判，不如退后一步，观察一切，这样你就可以做到善意地回应。

不加以评判是一种发心，它值得纳入你的勇气地图。"我的目标是不加评判地面对生活中的人和事，无论它看起来多么疯狂或与众不同。"芸芸众生中的你我，脱离不了"人"这个属性，我们免不了对外界的评判，但你可以让自己尽可能以少评判和多善意的态度面对一切。

4. 选择你的口味

在我们的摩托车骑行之旅中，迈克最喜欢的问题之一是："如果将行为、情绪或者情境比作冰淇淋，那是什么口味？"

善良也可以有不同的口味。记住：如果你感到疲惫不堪，就深呼吸几次。感觉舒服了、做好准备的时候，再来选择适合的口味。

以下是可供选择的口味菜单：

巧克力奶油：以无条件的善意回应（巧克力奶油是我小时候最喜欢的冰淇淋口味——香草味冰淇淋洒上可口精美的巧克力碎屑）。没有隐藏的计谋，只有无条件、不求回报的善意，感谢你的勇气。

花生酱：以存在、陪伴回应。别人无故批判你，你不知道要说什么或者无法找到合适的言语来表达情感时，只需要静静地待在那儿，等待坏天气过去。面对妈妈因恐惧衍生出的行为，这是我唯一能做出的反应。

那种情况下，任何言语回应都是不当的，坦率地说，在那一刻我也不知道该说什么，所以我以陪伴、感知和理解来为彼此留下空间。

薄荷巧克力碎片：以轻松、玩笑的态度回应。这是最具挑战性的一种，因为它会让人感觉你没有认真对待别人，但这种方式可以缓解敌对的情绪，让气氛变得轻松。最好的方法是首先将自嘲与善意结合起来，最后再以玩笑的态度回应。

面对困难的时候，选择你喜爱的口味，它们各具特色，适合于不同场景。

5. 尊重别人本来的样子，如果时机允许，拉他们一把

我们经常陷入"拯救"陷阱，自认为自己需要拯救，更甚者，尝试改变别人。你永远无法改变别人，所以不要浪费你的时间尝试！人们只有在愿意改变自己时才会改变并进化为更好的自己。认为你应该或能够改变别人是种自大的想法。

尊重别人本来的样子，设身处地从对方的角度着想，理解他们所面临的挑战。与其告诉别人该做什么，不如以身作则，以善意为出发点往前行进。他们或选择与你一同行进，或止步不前。通常情况下，若以善良为出发点前行时，你会看到周围人的转变和进步！

举个例子。假如有人因为没有按时收到你送的货物，在电话里对你大喊大叫。请不要冲着对方大声嚷嚷，你可以尝试站在他们的角度，理解对方为什么失望和生气——这样做能够为激烈的对话降降温。"这次运送货物耗费了那么久，确实让人很失望，我能够理解！非常感谢你的反馈，我们会完善内部流程，确保这种情况不会再次发生。"观察对方能量的转变！人们都希望被倾听、认可和理解。

以身作则，无论对方的反应如何，都要保持善意。如果你没有任何发言的余地，那就静静地待着，想想花生酱味冰淇淋，安静地听完对方的咆哮，如果你愿意，可以在最后来点巧克力奶油味冰淇淋。

某次旅途中，我收到某位陌生人发来的消息，询问了有关我们摩托车骑行路线的问题，他也想踏上类似的旅程。因为我们还在骑行路上，没有太多的闲暇时间，所以我没有立即回复消息。

在收到第一条信息的几天后，第二条言辞激烈的短信接踵而至，大致意思是我不是一个好人。起初，这让我很恼火。我从未见过这个人，却被他这样无理对待，实在太没道理了，但我深吸了一口气，提醒自己想想巧克力奶油味冰淇淋，以无条件的善意回应，并且告诉自己"他已经在尽他所能做到最好"。

首先，我告诉他我能理解没有收到别人立即回复的信息的沮丧感，然后，我解释说，由于我在旅行的路上，沟通时效性不如平时，接着分享了我的谷歌地图。我很想指责他没有必要粗鲁对待别人，但我克制住了，我知道自己可以做得更好，并重复了信念："总是以善意回应。"

紧随而来的是，他转变了态度，承认自己的不当行为，为过激反应而道歉，并感谢我分享的地图。如果我以说教的形式回应他，我相信收到的会是另外一番态度。善良创造了奇迹！

6. 养成"总是以善意回应"的习惯

重复"总是以善意回应"的口诀，并使它成为一种习惯。

我和好友一起骑摩托车穿越意大利时，关于这个口诀的笑话一直索绕在我耳边。它的源头是因为我一直把麦克风留在头盔外面，这意味着我的朋友无法通过对讲机听到我说话。所以他有时会大叫："把你**的麦克风放在头盔里！"我总会低声说："总是善意地回应。"这把我们俩逗得大笑。下次轮到我脾气暴躁的时候，朋友会学着我低声说："总是善意地回应"，我们俩会立即再次大笑起来。

善良是一种选择！在容易陷入恐惧驱动型反应的情况下，以善意回应需要更大勇气。

真正无条件的、不求回报的善意是极具影响力的。在生活的各个领域，你越多地践行无条件付出，你会感觉越有力量去勇敢地生活。

✦ 仙露

世界需要更多的善意。你身体力行所诠释的每一个善意都会让世界变得更好一点儿。善将陌生人团结在一起。善鼓励你，让你每天都勇敢地面对生活。

> "善良的力量是无穷的。正如太阳融化了冰雪，善良冰释了误会、怀疑和对抗。"
>
> ——阿尔伯特·史怀哲

如果你也醉心于行善，我会十分欣慰的，无论你走到哪里，都会创造人性光辉的时刻。无论你选择的是无条件地付出、陪伴还是轻松玩笑，请把善意融入自己的每一次相遇中，恐惧会慢慢消散。

善良是洒落在生命里的仙露。

✦ 旅程乐曲

- 我善待自己。
- 我总是以善意回应他人。
- 我为别人的成功出谋划策，而别人也会这么对我。

✦ 服务区：始终以善意回应

在接下来三十天（包括将来）的目标是始终以善意回应！如果某件事情令你沮丧、烦恼或十分生气，请提醒自己以善意回应。在你的脑海中重复这个口诀，让它成为一种习惯。做到得心应手，即便是面对负面情绪的时候，你仍能以善意回应。

✦ 打破勇气的边界：重塑生活的 13 条原则

邀请你与我一起沉浸在行善的快乐中，让善良成为一种习惯。做到不求回报、无条件的善意，需要你刻意练习，但请相信，这将改变你的生活！

✦ **旅程日志**

拿起你的日记并思考以下问题。

- 什么时候你左右徘徊，难以做到以善意回应？还记得你不那么善良的时候吗？还记得你保持善良的时候吗？结果是什么？
- 你觉得你在哪里或和谁一起会表达更多的善意？
- "总是以善意回应"会对你和你所爱的人产生什么影响？
- 在生活的什么领域，你想更勇敢地去践行善良？
- 无条件的善意对你来说意味着什么？

原则八：缺憾

生活中没有什么是完美的，总有缺憾，但许多人因为追求完美，阻碍了自己采取勇敢的行动。

"一切总会有缺憾"的信念让你勇敢地生活。它使你挣脱束缚，做出勇敢的决策和行动，而不是让"无法做到完美"的恐惧使自己止步不前。

我经常看到人们会等到"完美"时刻再来考虑勇敢：尝试新事物或结束陈年旧事的完美时刻，转变的完美时刻，展开艰难对话的完美时刻，或者收拾行囊踏上梦想之旅的完美时刻。

我们经常用"我只是在等待合适的时机"当作逃避和懦弱的借口。但是，如果完美的时刻永远不会到来呢？如果现在是有缺憾的完美时刻呢？如果你意识到自己不必等待完美的时刻，因为每一刻都是不完美的，你会有什么不同的行动？

有时我会问自己："如果这是我生命中的最后一刻呢？尽管有诸多不完美，我会马上行动、勇敢面对还是会等待更完美时刻的到来？"

完美是一种幻觉。接受有缺憾的自己，以真实的一面去交朋友，你会变得越来越有勇气。追求完美的代价是停滞不前。拥抱缺憾而阔步向前，收获的回报将是充实多彩的生命体验，坦率真实的人生。

对搞砸的事情和所犯的错误报以平和的心态。不管是放弃新机会还是勇敢去冒险，你都有可能犯错误。如果不存在所谓的错误决定呢？如果存在的只有带着缺憾的完美时刻呢？

拥抱缺憾，即使你可以选择退缩、即便感到不舒服，你也能排除万难、勇往直前。接受不完美是一种习惯，就像勇敢地生活也是一种习惯，这不是将就，而是你的"真我"的体现，是你在用行动报答生活。

✦ 缺憾是迷人的

> "迷人需要缺憾，疯狂需要天赋，绝对荒谬总比绝对无聊更值得玩味。"
>
> ——玛丽莲·梦露

缺憾，它魅力十足，妙不可言而又令人兴奋。缺憾赋予事物个性特征。

生活中的大多数事情都是不完美而有缺憾的。仔细观察美丽的花朵。它无不展示着缺憾，而正是这些迥异的、参差不齐的形状、摇晃不定的叶子和色彩斑斓的花瓣让它变得如此有趣。

想想你崇拜或者喜欢的人。很可能是他们的不完美，让你觉得可爱而有魅力：右眼上的小雀斑、那魔性而有感染力的笑声、眯眼笑时眼周的皱纹，或者手臂上的胎记。每个人都是孤品，而不是别人的复制品，你也是。全世界只有一个独一无二的、不完美的你。

你的乖张，不管是张扬还是内敛，都使你的灵魂变得更为有趣。

✦ 我不完美，但这没关系

前段时间，我坐长途飞机回国后，直接从机场开车到我家附近的按摩店。付钱的时候，收银台的女士兴奋地告诉我，他们引入了新激光技术可以去除我脸上的雀斑。喜欢在大海里冲浪，常年沐浴在阳光里，使我脸上的雀斑成倍增长，但我觉得雀斑很酷，它们总能让我回忆起酷热的夏天、微咸的冒险和浩瀚的海洋——我最喜欢的三件事。所以我礼貌地拒绝了她提议的祛斑计划。

我的雀斑是完美的缺憾，是我生活方式的见证者，它们是我身体的一部分。如果自己常年都生活在寒冷地带（比如我的故乡瑞士）或大部分时间都在室内度过，我的雀斑可能会少点儿（还有，皱纹也会更少）。

人类对完美疯狂追求，恐惧因而与日俱增，大家都在担心自己不够好，这种恐惧使许多人无法做到真正的勇敢、过上充盈的生活。追求完美的根源是恐惧。也许你会把自己与他人或想象中的情境进行比较，但这会让你无尽下沉在非理性的恐惧漩涡中。

社会痴迷于完美，我们经常以此为借口不采取行动。我们等待完美，而不去采取勇敢、不完美的行动。也许你想写一本书，但追求完美会让你永远无法迈步向前。或者，尽管成长经历曲折而充满挑战，你一直很想向父母表达你的感激之情，但没有找到最佳时机。或者你想邀请某个人出去吃饭，但还没有想出完美的方式。因此，你没有采取缺憾而不完美的方案，勇敢地去行动，而是不断地等待完美的时刻，无所作为。

根据自己的价值观和信念——而不是别人的，重新定义完美对你来说意味着什么。了解到自己和他人都是不完美的，你就不会那么害怕失败。你将学会勇敢地采取不完美的行动方案。

自信大方地接受自己的缺陷，对缺憾秉持自在平和的心态需要勇气。不过，当你做到这些以后，你的缺憾会变得充满魅力，令人神往！

✦ 值得铭记的缺憾

通常，在发表主题演讲时，我会为缺憾留下一点儿空间。我知道如果演讲内容游走在完美和不完美的边缘，观众们更会倾身前座，竖耳细听。它降低了主题演讲的可预测性并保持新鲜感（而不是经过打磨和排练），也让我集中注意力、全身心投入。

这并不意味着自己没有准备。我已经做好了充分的准备，对于我想输出给观众的内容已经胸有成竹。但是，我的目标不是排练好每一个单词，做到完美，而是做坦率真实、有缺点的人。

不完美也没关系，吸收内化了这个想法后，你就不会再徘徊等待变勇敢的时机。在有缺憾的时候，就能立即采取勇敢的行动。

你并不完美，所以打个预防针，做好失败的准备！

✦ 失败

我失败的次数太多了，但我喜欢它（有时候）……当然这不是自虐，而是因为"失败"教会了我很多道理，帮助我进化成更好的人。错误让今天的你比昨天更优秀。错误是你最伟大的老师，吃一堑长一智。

如果从不犯错，那就是你待在安全区太久了。选择勇敢地生活自然伴随着失败和一次次的重整旗鼓！

如果你想勇敢地生活，必须愿意承担可能失败的风险。感谢过去发生的和将来还未发生的错误、经验教训。

不要总待在安全区。接受缺憾并行动！提醒自己注意不要掉入攀比陷阱。

✦ 攀比陷阱

为什么我们如此痴迷于让自己变得完美，不管是言行或者举止都要做到完美？这种对完美主义的痴迷在很大程度上源于不断地将自己与他人进行比较，导致了一个非常苛刻、非理性的批评家在你的心中出现。这种痴迷强化了你对自己不够优秀的恐惧，而不是保持"真我"的勇气。

社交媒体的普及使我们能够轻易掌握别人的近况，包括在做什么、吃什么等，因而人们也更容易去比较。这不健康，它会让你产生错觉,认为自己不过是时乖命蹇,远没有达到应有的生活水平。或者,它可能会让你有从众心理,你想拥有某些东西,只是因为"别人"也有、也这么做,而不是源于内心真正的渴望。

攀比使你自我怀疑,让你远离"真我"、远离"勇敢地做自己"。

✦ 只与自己比较

我喜欢问自己的一个问题是:"要怎样做,才能成为一个今天比昨天更好的人?"这个问题与内心的"真我"一致,让我更勇敢地生活。如果我知道自己已充分调动资源、已尽我所能,内心便会感到很平静。有时候,我没有发挥出最佳状态,但它可能已是当时自己能做到的最好情况。我非完人,这没关系,当然我也不会让这个想法成为阻碍自己勇敢生活的绊脚石。

不要拿自己和别人比较,和自己比较就好。专注,打败自己内心的怪兽。问问自己,"在生命的这个阶段,怎么样成为最好的自己?"

为自己设定更高的标准,不要依据别人做什么或说什么,而是依据你自己的实际情况。你要怎样才能持续成长,不让缺憾阻碍自己勇敢地生活?

生活不是一场竞赛。你意识到我们都在一起相互支持,而不是相互对抗时,你就会坦然接受自己犯错。把错误看作你的老师,提升你的智慧。

我们沿着丝绸之路骑行,无论走到哪里,都能感受到人们的接受和包容。我那些不完美的观点或政治主张，从未受到大家的评判。我常常因此而十分动容，从本质上讲，我们都是一样的。我们同舟共济。

✦ 我们同舟共济

我们在一起相互扶持。是的，确实如此。我非常喜欢这个信念。你接受它以后，会自然而然更加包容自己和他人。尽管自己还不完美，你依旧会选择善意和共情。

在我们的旅程中，许多善良的人与我们共同创造了人性的时刻，我将永远珍惜。记得当我们从乌兹别克斯坦进入塔吉克斯坦时，我意识到签证日期是错误的，我们提前两天到达了边境。边境官员看了证件，厉声宣布，我们必须回到乌兹别克斯坦，两天后再来。由于迈克的乌兹别克斯坦的签证是单次入境，离开了就不能再进入，我们无法回去。怀着沉重的心情和紧张的微笑，以及谷歌翻译，我尝试解释情况。其中一位官员挥手让我们到"后台"（屋里）来，以解决我们的困境。那天天气寒冷多雨，坐在房间柔软的沙发上，吹着暖气，与边境管制的官员一起品尝小食，也算是不错的体验！花了几个小时、几十通电话、指手画脚的肢体语言，以及几位善良的陌生人，我们把问题解决了。感谢当地的旅行社，我们最终获得了新的签证。整个过程感觉就像我们都在一起，同舟共济，为着共同的目标相互支持着。

那些珍贵的人性时刻，我永远铭感于心。

另一个让我发笑的"我们都在一起"的短暂时刻是，在土耳其高速公路的收费站停车时。汗流到了眼睑（在酷热的天气骑摩托车以前，我甚至不知道有眼睑的存在），我摘下头盔大口喘气，岗亭的一位女工作人员看到身为女骑手的我，用她浓重的土耳其口音发出了惊叹："哇，这太帅了！"我们都开怀大笑，并赞美了彼此。这个相会的时光无疑丰富了我们的生活，使它变得更有趣了！如果她或我被彼此吓到，或者有攀比的想法，或者由恐惧驱动我们的行为，就会错过这个完美的人性时刻。不要因恐惧致使你错过了与陌生人互动的美妙时刻。我们都是独一无二的不完美，我们都在一起。

✦ 瞬间的完美

对大多数事情，我最喜欢的回答是"完美"——无论是朋友提议的晚餐，或者伴侣安排的周末出游，还是哥哥邀请我们一起看的电影，都是完美的。

会有更好的选择？可能会。但在当下，它就是完美的！在片刻的时光里，有完美的身影存在，或者我喜欢称之为瞬间的完美。完美在于过程，而不是结果。

有时，我观察到人们对于是否接受建议会十分纠结，比如决定餐馆或度假胜地，因为他们担心这不是完美的选择，或者可能有更好的选择。这可能会让对方感到沮丧，不愿再积极提出建议。与其说不，为什么不在片刻的时光里找到完美呢？首先提出建议的人，他就是完美的。当你顺其自然（接受你所爱的人的建议）时，你会体验到更多瞬间的完美。

即使在商业领域，我也经常会说"这很完美"……直到我们有更好的解决方案。瞬间的完美让我们继续采取勇敢的行动、向前迈进，而不是停滞不前。我知道，如果我们报以这种态度，就能把事情做好。我们不会拖延和等待，把"它还不完美"作为借口。我们起程、尝试、行动、失败、跌倒，我们重新站起来，学习、改进、再出发。如果一切源于勇敢，你就不怕摔倒。你坦然接受跌倒、尝试、反复和重建，因为你知道，它有助于进化、完善自己和周围的人。你不会为了等待完美方案止步不前，而是采取不完美方案立即行动。通过这种方式获得动力并在旅途中做出调整。

拥抱缺憾并不意味着满足于平庸。我是持续改进的忠实拥护者。事实上，这是我经营企业需要扮演的主要角色：不断改进我们所做的一切。不要故步自封或变得懒惰。学会在片刻的时光中看到完美，你将会不断进化，采取勇敢的行动。

拥抱不完美是一段旅程。旅程回报你的是充实、勇敢和开放的生命体验。

你是不完美的，没关系。我们也一样！

✦ 旅程乐曲

- 我不完美，但这没关系。

- 缺憾是有趣、迷人和真实的。
- 片刻的时光里存在完美。

✦ 服务区：庆祝瞬间的完美

在接下来的三十天，接纳并专注瞬间的完美，而不是无止境地追求完美。

当朋友提出建议时，以"完美"回应。享受缺憾中的完美，寻找乐趣。

✦ 旅程日志

拿起你的日记，思考以下问题：

- 如果你知道完美缺憾的时刻就是现在，你会做出什么勇敢的决定？
- 你在跟谁或跟什么进行比较？它让你感觉如何？
- 怎么做，你才能使今天的自己比昨天更好？
- 你会采取哪些不完美的行动，让自己更勇敢地生活？
- 在生活中的哪些方面，你觉得自己不够优秀的想法阻碍了勇敢地生活？
- 如果你不再害怕失败，你会做出什么勇敢的决定？
- "我们都在一起"这一信念将如何改变你与他人互动的方式？

原则九：不依附

想要勇敢地生活，最具能量但也是最有挑战性的原则是不依附。做到不依附，你的决定和行动将不再与特定的结果绑在一起。你不再担心结果，专注于当下，一切想法和行动由勇气驱动，而非恐惧。不依附于期待的结果，这个原则的力量是强大的，因为它，恐惧无地自容。

> "无欲则无求，无求则无忧"。
> ——老子

人非圣贤，孰能无欲，刻意去压抑或者对抗欲望没有意义。但如果能够将自己从欲望中脱离出来，你将有勇气做出恰当的决定。你知道，世界万物各有其法则，不管是好是坏，有因有果，它会以应该出现的方式出现。请记住：宇宙永远支持你！

✦ 不依附的力量

不依附并不意味着拒绝尝试，也不是无知或逃避。

很多年前，在一个冥想静修会的课堂上，老师谈到了超脱。那是我第一次听到这个概念。它把我从白日梦中叫醒了（被抓包了！我没有全身心感受当下的冥想静修）。一了解到这个说法，我便产生了深深的共鸣。

依附对象各有不同：依附财产、情感、关系、观点、结果或想法。依附是许多恐惧驱动型情绪的核心，比如嫉妒、愤怒、伤害、失望和恼怒。举个例子，对关系中特定结果的依附会导致嫉妒、过度索求或者较低的自我认知价值。对财产的依附表现为贪婪、权力感或非理性地担心失去。

练习超脱，不是说要你变得与众不同或成为冷血动物，而是让你放下自己无法掌控的事物。你所能控制的是自己的选择、举止和行动，但无法控制将来的事情。

脱离了期望的结果，不再担心可能失去某物或某人，放弃控制，尽人事听天命之后，一种不可思议的自由感将取代恐惧。

超脱使你勇敢地、充实地活在每个当下，而不用担心未来会发生什么或以往发生过什么。要意识到，你的幸福或满足感并不依赖于外在的事物或人。超脱让你以勇敢、开放的心态拥抱不确定性。因为它，你会以乐享人生的态度对待生命。最终，让你勇敢地生活——贯穿始终。

> "超脱不是指你不该拥有任何事物，而是任何事物都无法拥有你。"
> ——阿里·伊本·阿比·塔利卜

我一直在挑战自己，尽可能脱离更多的物质，因为我知道，拥有东西的感觉的确很好，但并不是你拥有的东西支持你过上最好的生活。

说实话，我还有很长的路要走，我绝对无法做到脱离所有，但我会有意识地练习超脱。有些日子比其他日子更容易。很多时候，我成为自己和他人的欲望与期望的牺牲品。几年前，我和一个朋友在当地一家咖啡馆吃早餐时，一个漂亮的女人走到桌子前，问我夹克在哪里买的。这是去纽约旅行时的收获，因为对这件夹克没有任何情感上的联系，所以我决定把它送给她。她对这份礼物的幸福感远远大于我拥有它。我承认自己确实有过片刻的犹豫，"我会想念这件夹克吗？"，结论是我不会，而她的喜悦和感激是无价的。话说回来，我能把另外一件最喜欢的蓝色皮夹克送人吗，如果有人想拥有它？不！我需要它。我永远都无法做到完全"不依附"。

还有一次，我走进家附近的一家咖啡店，穿着一件印有西雅图著名的雷尼尔山照片的T恤。坐在收银台的女士非常兴奋地告诉我，这是她家乡的山。我问她是否喜欢我的T恤，我脱下并把衣服交给对方时，她的眼睛睁得如球般大。别担心，当时是夏天，我穿着比基尼，而咖啡店离我家也就几步路的距离。大约一年后，我在那家咖啡馆为他们举行品牌战略规划会议，上次的"西雅图T恤"女士坐在我正对面的办公室里。我们认出对方，都开怀大笑了起来（这次我没有脱掉衣服）。

这一切听起来很佛系，但老实说，前面两个场景中的夹克和T恤都不是我衣柜里最喜欢的物品。所以，这让我更容易脱离它们。

结束摩托车骑行的最后一站后，在我从第比利斯返回悉尼的路上，我忘记了手提行李里有四把瑞士维氏（Victorinox）小刀。我本打算送给路上有缘的陌生人，或者当我们遇到麻烦时用以

"贿赂"。

很不幸，它们的结局是被"请"进了海关的垃圾桶，因为我把它们忘在了手提行李里。我十分气恼，过程持续了大约 15 分钟，我脑海里浮现出各种各样的"如果"场景——如果我把它们和我的摩托车放在一起，如果我记得把它们送给那些懂得欣赏的人，如果我把它们放在托运行李里，如果海关官员会相信我的借口，如果……这些都是没有意义的，但我的思想仍然需要几分钟来消化和脱离。

我花了相当长的时间才从乌兹别克斯坦边境口岸的"毁灭无人机"事件缓过来。在从土库曼斯坦到乌兹别克斯坦的路上，我们被告知无人机无法进入该国领土。一些海关官员同情我们，并试图说服"按规章办事"的官员破例：给我们的包上锁，让我们在境内无法打开包，这样就不能使用无人机。三个小时后，仍旧是前途未卜，没有方案，然后，一位面无表情的海关女士走来告诉我们回到中立地带，把无人机摔成碎片。满脸写着抱歉的工作人员带我们回到土库曼斯坦和乌兹别克斯坦之间的中立区，看着我们打破无人机，然后把碎片扔向各个方向，让它们永远留在那里。这一切看起来是那么荒谬。我非常郁闷，挣扎了好久，才从意想不到的结局中缓过神来。这远没有送人衬衫容易！

✦ 不依附的三个步骤

以下是练习"不依附"的三个步骤。这些可以适用于脱离结果、人、想法、物体、情绪、经历或环境。

1. 清晰明确

首先，明确你的愿景、意图和目标，了解自己想要什么。了解你的"真我"并拥抱它。

2. 承诺

接下来，全身心地投入到你所做的事情中：工作、关系、冒险、爱好或者存在方式等。尽你最大的努力去生活。例如，你选择勇敢地生活，那么就通过正在阅读的这本书，应用书内原则，做出勇敢的决定，勇敢犯错，勇敢地重新站起来，不断进化，全力以赴。

3. 脱离

最后，脱离结果，因为追根究底，能影响自己行为的人只有你自己。你无法控制经济如何发展，明天是否会有太阳，或者别人会如何回应。但是，你始终可以选择自己的决定和行动。

在条件允许时，你已充分利用，尽你所能！接受自己目前的勇敢程度，你已经有意识地让自己走在更勇敢的道路上。勇敢是一段旅程。

✦ 未达到的期望

未达到的期望往往会导致恐惧驱动型的想法、情绪和行为。恐惧会因为你对某种期望的执着而现身。

你可能会偷偷地期待好朋友在自己 50 岁生日派对上发表演

讲，如果他因为害怕公开演讲而没有这样做，你可能会感到失望或怨恨——一种未达到的期望，唤醒了恐惧。

或者你可能期望伴侣在你们结婚周年纪念日给你买花，他如果不买，你可能会陷入自己不被爱的恐惧中。

丝绸之路的旅程中，发生的故事不断提醒我放弃期望，享受当下。日复一日，我被邀请（或被迫）放下我的期望。记得在吉尔吉斯斯坦的一个特别的下午：那天已经很晚了，根据谷歌地图，我们离住处仅有几个小时的路程。疲倦、饥饿和寒冷包围着我们，温暖的淋浴和食物实在太有诱惑力了，所以我们继续前进。我们和谷歌地图不知道的是，道路路况越来越糟，我们骑行的速度慢了很多，3个小时变成了5个小时，然后是8个小时，然后是15个小时！很明显，除非我们通宵骑车，否则永远不会到达我们的住处，通宵骑行在那些道路上太危险了。由于身处偏僻，完全看不到人烟，我建议骑到日落，然后就地搭帐篷。放下了对如何度过夜晚的期望（热乎的食物，干净的淋浴，舒适的床），我的状态立马就从"匆忙赶路，两耳不听风，两眼不看景"变成了"享受泥泞柔软的道路和欣赏周围的自然风光。"这个转变太有趣了。最后，我们在几个牧民的蒙古包旁边搭帐篷过夜，当地的孩子们一前一后跟着我们，眼睛里充满了新鲜与惊讶。我们没有洗澡或吃饭，晚上睡觉的时候，手脚都快"冻僵"了。但这是我此生最难忘的经历之一。醒来时，群山绵延，云雾环绕，奶牛在我们的帐篷前吃草，这种感觉，绝无仅有！

对结果的执着相当于放弃你的力量。你无法控制环境或其他人的行为，但你可以选择如何回应。我无法控制路况，但我可以选择自己的行动和对这次经历的感受。感受到万籁俱寂和世上难见的美景，这要归功于放弃期望，全然享受当下。

对自己有着清晰的认知，信守自己所坚持的一切，以诚信正直为行动指南，即使结果未满足期望，你也会更容易信任这个过程并做到脱离结果。你的幸福感和满足感很大程度上取决于你自己的期望。当你能放下它们，满足感便很容易实现。正所谓知足常乐，你越是放下期望，你越能找到平静、喜悦、幸福和满足。

✦ 不要害怕失去一切

关于这个原则，我们一起做个游戏，把它提升到新高度！

生活是变幻无常的，没有什么是永久的。你的情绪、思想、身体、职业、人际关系——它们都在不断变化并演变成不同的形式。然而，我们大多数人都抗拒改变。变化不可预测，让人感到不适。因为恐惧，我们紧握某些事物不放手，即使它们没有意义。

如果你今天失去了一切——家、人际关系、事业、财产——你会没事吗？你能活下来吗？你会恢复吗？

与自己玩游戏，思考这个想法起码一分钟。这是我在践行"不依附"的过程中常思考的内容。如果你能脱离欲望，如果你知道自己失去了一切也会没事的，你就会拥有更多的自由，勇敢地生活。

到达这样的境界：内心平和，并且拥有内在智慧，知道自己

◆ 打破勇气的边界：重塑生活的 13 条原则

无论如何都会没事，能坦然面对。那么你的决定将不再被恐惧所驱使。

如果你知道无论发生什么你都会没事，你会做出什么决定？你会采取什么行动？你会改变什么？在生活中，你会在哪个领域行动？

说到行动，让我们来看看最美丽的品德——无条件的慷慨，它不依附于回应或结果。

✦ 无条件的慷慨

花了几个小时穿过崎岖不平的野路，领略令人惊叹的格鲁吉亚风景。我和迈克在山口顶部的小摊前停了下来，一个中年男子在卖自制的零食。正好，我的肚子饿得咕咕叫，所以便买了一块看起来像饼干的东西。我们坐在他的摊位旁边，俯瞰下方的山谷，欣赏美景。

几分钟后，摊主递了一个大袋子给我们，里面装着新鲜面包、西红柿和奶酪，他指着我们旁边吃草的奶牛：奶酪是从它身上来的。这简直就是"从农场到餐桌"的现场版。他坐在我们旁边，默默地抽着烟，脸上挂着灿烂的笑容，很高兴看到我们狼吞虎咽地吃完他无条件馈赠的礼物。他没有期望什么，只是想分享他的食物，享受着和陌生人在一起的宝贵时光。如果我给了钱，势必会破坏这美好的时刻，况且他也不会接受。

还有一次，我们在塔吉克斯坦著名的帕米尔公路上骑行时，我的摩托车爆胎了。颠簸的路让"乔治国王"的"脚"严重受损!我们被困在海拔 4 000 米、令人叹为观止的帕米尔山上,迈克的机械技能派上了用场。在修轮胎的一个小时内,四辆卡车驶过,每一辆都停下来提供帮助。一位卡车司机递给我们一条新鲜的面包和核桃!由于他的慷慨,我们在路边享受了一次愉快的野餐,还能欣赏雪山的壮丽风景。

无条件给予和对结果的超脱,让世界向着美好运转起来。

那么,为什么我们做的仍旧是有条件的慷慨呢?或者有条件的爱和善良?为什么我们经常期待某个结果,如果它没有按照我们预期的方式发生,我们会感到沮丧呢?因为这是我们习惯的生活方式。但也有别的方式,为什么不改掉这个习惯,努力做到无条件呢?不要停留在你的期望中,而是从勇气出发,无条件地给予爱和善意。

如何才能在生活中实践更多的无条件奉献呢?当你做了好事时,不要指望回报。练习这点的一个好方法是对那些无法给你回报的人慷慨付出。生活不是锱铢必较的游戏。世界万千多彩,尽力而为,放弃期待,然后脱离结果。

✦ 想念"乔治国王"

在我们最后一次骑摩托车穿越格鲁吉亚第比利斯时,一阵悲伤淹没了我。我知道自己会时常怀念骑摩托车冒险的日子。"噢,不,走开,我不要依附",通过对讲机,我对迈克边笑边说着。

"我会想念'乔治国王'。我的心好痛,沉到水里了!"紧接着又是一阵爆笑,我们开始调侃我的依附情绪。

尽管可以练习超脱和改进,但有时你依旧会想念你的"乔治国王",这没关系。以接纳的心态面对依附事物所引发的情绪,而不是与它们抗争或因对某事或某人的依附而感到不安。这是自然的。不要为了脱离而脱离!

每天刻意练习,提醒自己这个原则,慢慢地,你的"不依附"能够越做越好。我仍然会执着于依附各种事物——经常性的!当发现思维回到旧模式时,我会观察自己的想法、感受和行为,然后尝试改变。有时很容易,有时则极具挑战性。我不会因为自己还没有做到"不依附(超脱)"而感到不安,而是接受自己所处的位置和感受,并且不依附于"未满足的期望"。

坚持不懈地练习"不依附"需要勇气。你越是超然于物,你的决定越是由勇气而不是恐惧所引导。如果需要提醒,请返回本章节。

要知道,即使你失去了一切,你也会没事的。我们站在一起。记住,宇宙总会支持你,即使看起来不一定如此。

✦ 旅程乐曲

- 如果我失去了一切,我也会没事的。
- 我全力以赴,坦然面对所有结果。
- 我可以。我有能力处理生活抛来的任何事情。

✦ 服务区：如果你失去了一切怎么办？

不停把玩想法——"如果失去了一切怎么办"，直到自己能适应它，直到你觉得如果真的发生了自己也能接受。想象失去你所依恋的一切，尽可能有画面感。把自己放在场景中，找出答案：你真的还好吗？你能处理好吗？你能浴火涅槃重生吗？我敢打赌你可以的！

✦ 旅程日志

拿出日记并思考以下问题：
- 如果能不依附于结果，你会做出什么勇敢的决定？
- 你现在生活中最依附（离不开）的是什么？
- 你觉得依附在哪些方面阻碍了自己勇敢地生活？你需要放下什么？
- 在生活的哪个领域，你最想练习不依附？做到不依附，你会怎样踏出第一步？

原则十：流淌

优雅地随着生命之河流淌，让水流带你领略生命的神奇莫测。相信流淌到生命中的一切，而不抗拒它，这将令你更有勇气地面对生活。

拥抱顺其自然，就不会心生恐惧，因为即使事情没有按照想要的方式发展，你也能够像流淌的水一样，绕过障碍物，纠正方向。不要对抗流淌到生命中的一切——优雅地与它共舞。

✦ 适应力是你的秘密武器

> "物竞天择，适者生存。"
>
> ——查尔斯·达尔文

这个原则将提高你的适应能力。适应力是一种优点，使你更轻松地面对生活。事实上，适应能力是当今快节奏世界中不可或缺的技能。现代社会波谲云诡，对于墨守成规而不善于改变的人来说，日新月异的变化给他们带来了诸多的恐惧。

如果能轻松适应生命中流淌的一切，你将会发现丰盛的大千世界以及推动人类向前一步的潜在可能。把变化看作机会，以身作则，去适应并进化为更高阶的自己。

如果生活由恐惧主导，你经常会有头撞南墙的感觉。陷入恐惧会让你难以适应新环境、新情况或新认识的人。

在环游世界的骑行之旅中，我想尝试并拥抱自然流淌和适应力这两种概念，所以并没有做什么详尽的计划，让旅程顺其自然地进行。我的目的是把这条原则付诸实践，看看它是否能够让自己在旅行过程中变得更加勇敢。

我想为无法预见的事情留有足够空间。我们制订了一个粗略的计划，灵活有弹性，因为做旅行计划的时候，不可能穷尽一切景点，所知甚至可以说是凤毛麟角，许多好玩儿的地方我们无从获悉，所以我们留有空间，让未知成为导游、让惊喜为旅程泼墨着色。得益于此，我们的旅程中发生了许多美妙共振和难忘的时刻。

在格鲁吉亚的某个早晨，天朗气清，我们决定花一天时间去人迹罕至的地方骑行，探索山口周围那些风景如画的小径。

夜幕降临了，但离打算过夜的小镇还有好几千米远。颠簸的道路已使我们筋疲力尽，所以我们没继续骑往目的地，而是骑入附近村庄，找到了一家风格可人的精品酒店。洗完澡后，我们在大堂酒吧见面准备吃晚饭，品尝自助格鲁吉亚葡萄酒。

不过，厨房已经关门了，但酒还有供应。所以我们在菜单上点了两杯葡萄酒，小酌后又点了几杯，后来，酒店老板和他的几个朋友与我们一同在酒店院子席地而坐畅聊，他们分享了当地的葡萄酒，并提供了探索当地景点的建议。因为我们不会说格鲁吉亚语，指手画脚的交流方式与手机上的图像配合默契。酒过三巡后，我们的格鲁吉亚语水平和他们的英语水平都有幸得到了提升，非常有趣。

老板告诉我们有座古老的洞穴修道院，在山的一侧，距离酒店大约一个小时车程，与我们要去的地方方向相反。第二天，我们放弃了原计划，前往修道院。这无疑是旅程中最神奇的经历和骑行体验（尽管还有些宿醉）。

我生命中那些深刻而意想不到的经历，都是因为放弃了原来的计划而收获的。

> "层层海浪翻涌而来，你无法阻止，但可以学着冲浪。"
> ——卡巴金

我喜欢这个在生命中冲浪的比喻。波浪的力量非常强大；你越是与它对抗，你在水下停留的时间就越长，你就越无法喘息。相反，你可以学习冲浪。突然之间，原本看似障碍的东西成为你的好友，帮助你发挥最佳状态，达到顶峰。如果你不想学冲浪或者不喜欢这个比喻，也可以想象，在海浪涌来冲刷着你、把你打翻的时候，让自己的身体完全放松，与对抗海浪的暗流相比，这个方式会让你更快地浮出水面。

✦ 像水般流淌

大自然中，没有一条河是完全直线流淌的。所有河流都有曲有折。生活也不是一条直线；在人生旅途中，你会遇到各种出乎意料的十字路口。

遇到障碍时，想象自己是围绕岩石流动的水。不要对抗或假装它们不在那里，而是找到另外的路径，这样就能越过它们。调整路线有时候很轻松，但有时候你也会被岩石困住，一段时间后才能再次自由流淌。

每当你遇到挑战或陷入困境时，请用这个比喻提醒自己。如果与浪潮对抗，你很可能会失去力量而沉入海里。

如果以自然流淌的方式应对重大决策，那么你的选择或道路是最可靠且最适合你的。你会勇敢地行动，并相信细枝末节在执行过程中将得到解决。人生中有许多门，有的门或许不会为你而开，因为门后的世界并不适合你，或者只是需要你去寻找正确的钥匙或方法。相信你的直觉，它知道什么时候该向前一步，什么时候该放手。

在日内瓦大学学习期间，我决定出国留学，但目的地还未确定。我以前从来没有去过澳大利亚，直觉告诉自己要去体验这个广阔的岛屿国家。

于是，我申请了悉尼大学的奖学金。经过几次面试和英语测试，被录取了。我很兴奋，也有点儿紧张。我会喜欢澳大利亚吗？我感觉自己会喜欢的。在飞去的航班上，一位年轻的德国女士坐在我身旁，她耐心地向我普及澳大利亚所有危险致命的动物，确保在我们降落悉尼时，我能有所了解。

在飞机抵达时，我并没有提前安排住宿或找工作，因为我觉得踏入澳大利亚国土以后再解决这些细节会更容易。我在朋友那儿住了一个星期，花几天的时间弄清楚自己想住在哪里。没有在瑞士就事先安排好一切，顺其自然的心态让我找到了位于郊区海滩边的房子，这个海滩是我十分中意的。

✦ **打破勇气的边界**：重塑生活的 13 条原则

关于兼职的工作，我只是随心走进一家看起来很酷的酒吧，并说服酒吧经理雇用我。这并不难，毕竟他们还不知道我对制作鸡尾酒一无所知，也无法区分甚至读出菜单上不同啤酒的品牌（感谢善良的调酒师在工作中对我的谆谆教诲和支持）。最后，我还和 DJ 成了好朋友，开始在镇上不同的酒吧和俱乐部演奏萨克斯，这比调酒更赚钱。

如果我没有顺应生命自然流淌，而是待在家中安全度日，生活将与现在截然相反。谁知道呢，我可能嫁给了一位英俊的瑞士农民，日复一日、年复一年地在农场照看我们的奶牛，在森林骑马穿行而过。这听起来也不错！

没人知道明天会发生什么。顺应生命自然流淌并保持灵活，你不需要知道一切将如何进行，因为你知道如何在生命起落的波涛中享受冲浪，而不去与它们对抗。

✦ **事如朝露暮霭**

请记住，若把时间轴拉长，一切都是须臾，没有什么是永远不变的。你的环境、生活、观点、人际关系、情绪和需求——它们都在不断变化。不假于物，你实践得越多，就越能顺应生命自然流淌，就越能勇敢地生活。

"变化是唯一的不变。"

——赫拉克利特

有时候，应对和适应变化是件棘手的事情，请将变化看作难得的进化机会。很多时候，你所处的境况在改变后会更好，尽管你可能后知后觉，在很久后才意识到。

接纳变化，拥抱须臾，你会活得更勇敢，因为你知道，即使事情没有如己所愿，结果也是暂时的，它会发生改变。你知道，即使自己现在深陷泥潭犹如困兽之斗，情况也不会一直如此，终将会有绝处逢生、柳暗花明之日。

还记得你生命中那些不自觉陷入困境的黑暗时光吗？你急切地想知道它什么时候会结束？或许这些黑暗时光持续仅有几个小时、也可能持续几周或几个月。也许你现在正处于困境中！

你有没有见过运动员站在障碍栏前大喊："从我的路上滚开！"，或者看见他们对着悬挂的绳索大喊："我恨你，愚蠢的绳索！"不！这并不是他们的本意，通常，他们会勇敢尝试并勤加练习。可能会跌倒或在练习过程中受伤，但随后他们会站起来继续前进。

然而在生活中，我们有时会因为"这不公平！"而发脾气。嗯，是的，有些事情看起来不公平——但对着障碍大喊大叫并不能消除它。拥抱流淌到生命中的一切，将帮助你挖掘并鼓起勇气，大方得体地跨过障碍。

你知道障碍是无法避免的，随着克服、越过障碍经验的累积，你将不断实现自我的进化发展。

> "搞清变化的唯一方法就是投身到变化中，随它前进，与它共舞。"
> ——艾伦·威尔逊·瓦茨

✦ 打破勇气的边界：重塑生活的13条原则

✦ 流淌光谱

不同层级的流淌适合不同的人。有些人喜欢不可预测的未来和变化，并因此而茁壮成长；另一些人则更喜欢对事物的把控和做精密的计划。每个人都有对应的光谱范围，从享受未知到遵守计划和保守稳妥。

如果对未知的容忍度较低，那么你希望待在保守稳妥和可控性的光谱一侧。稳定的工作、规律的作息和详细的假期计划会让你更自在。在这段光谱的尽头，你喜欢能把控的生活和未来，接受流淌到生命中的事物可能性比较小。

如果你是上述这样的，却发现自己一直被推到光谱的另一端，那里是汹涌浪潮和不可预测的未来，你会感到非常不舒服，被各种繁杂的事物或声音淹没，你甚至会失去理智。不要一次性做出巨大的飞跃，你可以通过在生活中加入一些小小的波流来推动自己——比如选择一条不同的上班路线，让你的伴侣选择晚餐地点而不去担心它是否是"心中所想"，或者来场无计划的周末冒险。

在光谱另一端的尽头，你喜欢变化、不可预测的未来和不确定性，成为企业家或从事灵活的工作让你感到更自在。在到达目的地之前，你可能不知道要去哪里睡觉或吃饭，或者，如果计划发生变化，你也能够轻松而快速地适应。你将会敞开胸怀去拥抱流淌到生命中的一切。

我们大多数人处于光谱中间的位置。无论身在何处，都可以通过练习为生活增添更多流动性。由你自行决定，相信自己有能力做出改变，一次一小步。你会发现，自己越有意识地练习流淌，你就越能承受风险，从而做出更勇敢的决定。

观察自己的行为和模式。你是否经常试图控制局面或结果？自己过于刻板或囿于某件事情中走不出来的时候，请注意并提醒自己要保持灵活并顺其自然。

如果你正处于恋爱关系中，了解你和伴侣在光谱中的位置也大有益处，你们能有的放矢地尊重彼此需求。你可能提前一周就安排好下周的饭菜，而伴侣可能要到周六早上才考虑周末去哪儿玩。了解彼此的流淌容忍度可以避免误解和挫败感。

无论你在光谱的哪个位置，如果你想更勇敢地生活，必须有意识地采取行动，让自己更适应流淌的一切。请记住，变化是无法避免的，顺应生命的流淌，将帮助你在面对变化的时候保持冷静和勇敢。

✦ 如何拥抱流淌

不管自己的流淌容忍度是多少，请坦然接受。好消息是，无论你的过去是什么样子，你都能学会拥抱流淌。这里有六种方法帮助你接受更多的生命流淌，扩展你的勇气边界。

1. 优雅地把事情往前推一把

流淌并不意味着你只要在大海漂浮着，等待别人前来救你就好。如果你知道自己的"真我",就会意识到什么时候应该优雅地推动而不是硬上。

例如,你在同一岗位工作了五年而没有升职。与其等待老板的认可和升职加薪,不如更积极主动,展示你的价值,并与老板讨论升职的机会。些许优雅的推动大有裨益。

记得在准备入境土耳其的时候,我们在海关办公室里,因为摩托车登记方面遇到了困难。耐心(目前来说)不是我的美德,我意识到并接受了文件审核或许需要花费比平时更长的时间,不过,我们仍可以优雅地推动工作的完成。花了几个小时,终于完成大量的文书工作,就在我们认为一切都要结束,就差负责人签章的时候,才发现负责人已离开,外出用餐了,我们不得不又多等两个小时。我们接受这流淌而来的变化,在岗的管理员为我们提供"可续杯"的茶水,大家成了朋友。原本痛苦的经历变成了有趣的经历。

需要推动事情的时候,以优雅、灵活和诙谐的方式去开展。清楚自己想要什么,在努力实现目标时保持灵活。发脾气或无礼不会加快问题的解决。

有时,全然放任自流,顺其自然地接受一切,才是你最佳的策略。

2. 放任自流,再放手一些,任其自流

放任是流淌最好的朋友。把事情往前推动需要勇气,但任其发展需要更大的勇气——放开所有的控制,对发生的任何事情都安然接受。这样做,你便打开了勇气之门。

这让我想起了瑜伽练习。有些姿势是我的身体不想做到的，比如，越强迫身体进入上莲花手倒立式（瑜伽的进阶体式），我的身体就越做不到。然而，我若是放开自己，放松身体，就很容易实现。

有时候，某些机会乍一看令人害怕，或者因为无法预知来路上会发生的一切，我们便让机会从手边溜走。当你拥抱流淌时，你不需要知道所有的步骤，因为你知道只要出发，车到山前必有路。相信这个过程，全然放任自流让你更勇敢地活着。

人生总会有起落，总会遇到挫折，我们无法阻止，但我们可以像变色龙一样学会顺其自然，放任自流并适应周围环境。

3. 做只变色龙

我喜欢"变色龙智慧"。它能帮助你适应那些尴尬或格格不入的环境，并游刃有余。像变色龙一样，你可以在言谈、举止或穿着上保持灵活和适应性——且不会迷失自我。你不需要妥协自己，每个人都是复杂的，性格多样。拥抱你所有的颜色。

接纳不确定性将能帮助你更好应对不同场合。它可以使你在感到不舒服或像是方枘圆凿的圈外人的情况下，放松自在。

例如，和朋友一起玩掷斧游戏时，我会穿上运动鞋而不是高跟鞋，偶尔爆出一两句瑞士的咒骂语。而在与高层 CEO 开会时，我会换上连衣裙或牛仔裤和高跟鞋，配以大方的谈吐，展示自己优雅的一面（我不喜欢穿套装或者非常正式的职业装，这不是我的风格）。

将"真我"与流淌这两个原则相结合，就能在多数情况下感到轻松舒适。如果找到自己的"真我"，你会意识到心已在安处，你只属于你自己。你由内而发定义自己，不被外在条件、环境所左右，就能够在大多数环境中自然流淌。周围环境无法改变你，只有你自己才可以改变自己。

当然，在某些环境和场合，你会发现很难运用变色龙智慧来让自己轻松。还有一些场合，你会选择退出。这些都是正常的。

记得某一年在圣地亚哥，我被邀请参加一个豪华的商务晚宴。我穿上自己最喜欢的高跟鞋、紧身牛仔裤和一件黑色垂坠感衬衫，满怀期待能碰上志同道合者。走进圣地亚哥市中心那家别致的餐厅，快速扫视一下房间后，我发现基本没有女性出席。

晚宴是由某个全球性组织安排的，我是该组织的成员之一。要成为成员，你经营的公司营业额至少需超过七位数，因此女性成员的数量较少（这也是我一直致力于改变的点）。起初，我觉得那些穿着华丽西装的人并没有真正把我当回事，并且对我的出现感到好奇，他们可能觉得我是某位出席来宾的妻子。我感觉自己非常格格不入，很久没有这种感受了。

我很快意识到这是自己的不安全感在作祟！

所以我决定改变自己的态度和自我暗示。我下意识地拥抱"真我"，流淌并敞开心扉，不再刻意强行融入。我抛开脑海中的猜想，境随心转，迎面而来的是饶有趣味的讨论、商业洞见的分享和新建的友谊。

道不同，则无须强行融入，你不必让所有人都喜欢自己，应该做的是拥抱自然流淌。成为变色龙并不意味着放弃真实的自我。事实上，恰恰相反，你坦然接纳自己，使得你在大多数情况下，都能勇敢地自然流淌并找到乐趣（如果实在无法享受其中的乐趣，"噢，对不住，我临时有事要离开"的选项一直都在，可供使用）。

4. 这不，还有 B 方案么？

我喜欢脸书（Facebook）的首席运营官雪莉·桑德伯格在她经历最艰难时期时提出的看法，"方案 A 不可用，那就上方案 B。"这个金句完全可以套用在我们的生活中。

方案 A 很可能会失败。与其为此感到不安或发脾气，为什么不纠正路线，顺其自然，然后想出方案 B 呢？

你选择了方案 B，就请全力以赴！将 100% 精力投入其中！有时你会看到这种现象：人们提出了另一种方案，但因为他们仍然执着于方案 A，所以只付出了一半的精力在方案 B 上。这是不可取的，请用心于一处。

当然，如果方案 B 不起作用，那么还有方案 C 可选。幸运的是，罗马字母表共有 26 个字母！

骑行抵达伊朗边境时，我对这个概念进行了测试。海关官员在签证上盖章，并带着灿烂的笑容宣布："欢迎来到伊朗！"梦想终于成真了，多年来我一直希望探索这个国家，我兴奋不已：我终于成功了！

几天前，迈克和我分道扬镳，因为他用他的美国护照进入伊朗具有一定的困难。他打算向北走，我则向南骑行穿越伊朗，两周后我们将在土库曼斯坦会合。

拿着护照和签证，我既紧张又兴奋。我走向摩托车，对正在检查摩托车的海关官员微笑。突然，他指着我的车牌号，第二次要求我出示摩托车证件，"有问题"，他喃喃自语道。他说我的车牌号码与证件不符。

原来，我和迈克在第比利斯准备摩托车的时候，我们不小心把车牌拿错了。迈克摩托车的车牌号是我的，我的车牌则安装在他的车上。就在穿越伊朗的梦想触手可及的时候，刹那间，一切结束了。我使出浑身解数来说服海关官员，但没有用。他们不可能让我用错误的车牌进入这个国家。我含着泪水骑上车回到格鲁吉亚，迈克在那边等我，我花了整整三天时间才接受自己无法骑车穿越伊朗的事实。三天啊！很明显，我没有很好地掌握不依附原则！有那么些时刻，我考虑放弃骑车而是乘坐公共交通工具进入伊朗，如我的伊朗朋友所建议的那样。我提醒自己要拥抱顺其自然并想想方案 B，即继续摩托车骑行但选择其他路线。我很高兴自己做到了。随后的冒险也被证明是有趣、无价的！其中一些故事在本书中与你分享了。老实说，拿错车牌，这种错误太低级和荒谬了，以至于我有时会想，是不是自己并非真的想独自在伊朗旅行。

你是否遇到过这种情况，即使全力以赴，方案 A 依旧不起作用？如果选择方案 B，并发奋努力，情况又会是如何呢？

5. 向内心的控制狂说再见

每个人心里都住着一位控制狂，程度各有不同。有些的控制欲远超出正常范畴。强迫性控制源自恐惧。看起来似乎对一切了如指掌，所以控制让你感觉到安全。应用和践行信任原则，你将学会停止控制周边环境和他人。

如果你真的想更勇敢地生活，那么就不要太认真地回应内心的控制狂。学会放手，更加轻松地随着一切流淌。

6. 活在当下

放开控制后，你将能够尽情享受每一刻，做到物来顺应，未来不迎，当时不杂，既往不恋。流淌使你能够活在当下，享受当下的乐趣。

比如，你由于航班延误而滞留在机场。与其因为计划被打乱而心烦意乱，还不如选择享受当下，学着与陌生人一起共享美好时光，或者在赶工作的同时啜一口喜欢的饮料。航班延误，你无能为力，因为这超出了你的控制范围，但是你可以选择自己的行为和感受。活在当下，而不是把注意力放在你无法改变的事情上。

接受自己目前所在的流淌光谱的位置。请记住，勇敢的生活是一段旅程，它由你定义。

让一切自由流淌将引领你感受美妙的瞬间和领略神奇的地方，即使事情进展并非如己所愿。即使正经历人生有史以来最糟糕的一天，你也能告诉自己否极泰来，事情不断变化，没有什么是永恒不变的。放任自流，再任其自流一些。你知道自己的目的地，但在前往终点的路途上，记得保持灵活。你可能会决定更改目的地，这是正常的。物来顺应，你的决定将由勇气而不是恐惧驱动。

我邀请你与生命共舞。放开控制，顺其自然，在狂野、原始

✦ 打破勇气的边界：重塑生活的 13 条原则

和美丽震撼的生命浪潮中做勇敢的弄潮儿。

✦ 旅程乐曲

- 一切事物都在不断变化。
- 我像水一样流动。
- 我物来顺应，放任自流，再任其自流些。

✦ 服务区：流淌光谱

有意识地放开控制，怀着顺其自然的心态探索流淌光谱。请不要计划好下次冒险的所有细节，为自发随机性留出空间。或者在决定哪里吃晚餐的时候，顺其自然，选择心中所想的新店。拥抱流淌，享受新的邂逅和体验。

✦ 旅程日志

拿起你的日记并思考以下问题：

- 如果拥抱流淌，你的生活会如何改变？如果放开控制，更加顺其自然地接受一切，会发生什么？
- 你如何开发自己的适应能力？你希望在哪些方面更具适应性？
- 如果知道一切都是无常的，你会做出什么勇敢的决定？

- 流淌将如何支持你勇敢地生活？
- 你觉得自己需要在哪些方面放开控制？你想在哪些方面学会放开控制？
- 被内心的控制狂支配了自己的行为，是在什么时候？
- 你还记得变色龙智慧派上用场的时候吗？发生了什么？

原则十一：乐玩人生

诙谐幽默是一种微妙的艺术，可以减轻压力，让你勇敢做出决定、缓和棘手的对话，然后采取行动。

诙谐的态度使你即便在面对最困难的情况时也能获得一定程度的轻松。这种轻松愉快的心情弱化了令你害怕的情况或决定，使你鼓起勇气面对。面临挑战，与其寄托于酒精麻痹自己、摆脱困境，不如尝试一下诙谐幽默！

带着些许玩味来面对人生，大多数经历会因此而变得不那么沉重，更容易消化。诙谐幽默具有令人难以置信的力量，即使是处在情绪最低落的时候或最严峻的环境中，也能解除对方的戒备。

在摩托车骑行之旅的路途中，我们在经过某些出入境的过境点时，迈克和我因为无法预测会发生什么，都有点儿紧张。迈克通常会向我挥手，让我先行，与边境管制交谈。因此我获得了多次的好机会来测试这个乐玩原则，并亲眼见证它对我和周围的人与事所产生的积极影响。

观察诙谐幽默如何激发勇气并改变情境是件十分有趣的事。诙谐的方式能让脾气暴躁的人露出笑容。就像我们被因严厉而"臭名昭著"的土耳其警察拦下，最后却变成大家一起在路边喝茶，剧情反转非常有趣。或者在我给边境管制员瑞士巧克力时，原本面无表情的他，喜笑颜开。

诙谐幽默是投射在黑暗中的光，它打开了勇气之门。

原则十一 | 乐玩人生

> "人类实现了跃迁进步,他之所以进步,不是因为一直清醒、负责和谨慎,而是因为顽皮诙谐、叛逆和不成熟。"
>
> ——汤姆·罗宾斯

✦ 人生是你的游乐场

当我们的基本需求得到满足——有食物、住所和衣服,并且没有掠食者追赶我们时——我们会做什么?我们会玩儿。

游戏是人类经验进化的部分。孩童时期,我们凭借直觉轻松地做到这一点,长大成人后,我们常忘记了如何玩耍。

恐惧或压力占据了我们的生活。玩儿,往往是首先被关闭或遗忘的。随着我们肩上的责任越来越多,我们中的许多人忘记了如何玩耍,如何轻松面对生活。我们忘记了生活就像一个大型游乐场,我们找了很多借口来解释为什么做不了那些曾经启发自己的事情——接踵而来的工作、需要兑现的承诺、肩负的各种责任、难以抽身的忙碌,太多的借口,太多的恐惧。

对生活充满乐趣、抱着幽默的态度不仅可以消除恐惧,还可以鼓励你腾出时间和空间,与让你感到快乐的人相处,让你重拾自己感兴趣的活动。

玩耍的态度使你的头脑保持好奇。好奇心是勇气的绝佳触发器。儿童便是很好的例子。孩子们探索是因为他们对周围的世界充满好奇。他们观察花园里的毛毛虫,无所畏惧且坦率地提出问题。他们之所以勇敢，是因为他们永不满足的好奇心和没有先入为主的观念。

诙谐幽默是一种微妙的艺术。如果把诙谐幽默比作国家，它的边境是愚蠢和粗鲁。如果你想变得诙谐好玩儿但又害怕被讨厌，或者你觉得自己太刻意，那么你的行为表现出来确实会是愚蠢或粗鲁的。你肯定看到过有些人竭力想让自己变得有趣，却用力过猛，没有把握好分寸。就像有人为了搞笑而说出一堆不合时宜的笑话，或者有人在晚宴上以一种让人不悦的方式对你的着装发表看法，尽管他的初衷是想用玩笑打破僵局，但他的评价却很粗鲁。如果方式正确，诙谐幽默起到的作用是拉近距离而不是拉远。诙谐不等于搞笑。有趣的人可能会让你发笑，但掌握诙谐幽默的人会让你感觉自己参与其中，这是一种智慧。

诙谐幽默是优雅、有魅力、聪明的。认真地玩耍也是一种本事！

✦ 诙谐而直率

记得在经过瑞士阿尔卑斯山向南驶往意大利的途中，我们遭遇了施工所导致的大堵车。几位老者组成的"夕阳红"哈雷摩托车队也与我们一起加入了堵车大军。带着好奇心，我们开始分享自己的冒险经历。在得知我们准备穿越东欧进入亚洲的计划后，他们忍不住发表了一些带有种族主义的言论。我知道他们因为担心和害怕，希望我们保持谨慎。"这有点儿种族主义，"我脱口而出，轻轻地推搡了一下，脸上带着友好的微笑。我感受到他们内心想法的转变，然后，我们彼此交换了全然不同的文化和宗教观点，整个过程轻松而愉快。

第二天早上，我们正享用着"麸质之国"新鲜出炉的瑞士面包、羊角面包，品尝着当地蜜蜂现酿的蜂蜜。迈克忍不住问道，"你是怎么做到的，说话么直，但却不会得罪人，甚至还让人喜欢？"

迈克觉得我似乎能够以一种非常直接、未经加工和坦率的方式与人们分享自己的想法，且不会引发令人不快的经历，也不会伤害或冒犯任何人。在迈克提问前，我还从没有真正考虑过。

正在喝第二杯咖啡时，我能感受到自己脑袋因为摄入咖啡因而十分兴奋，我们完全沉浸在关于勇气和诙谐的讨论中，语速飞快、一轮又一轮。

思考直率时，一个想法突然涌现心头，我拿出笔记本，写下两个词："诙谐＋直率"。

这就是如何避免让自己陷入麻烦或者避免对方把你的话当作耳边风"假装听不见"的方法：以一种非常直接但有趣的方式传达，而不去粉饰它或者传递虚假信息。你可以用一种礼貌而不侮辱、善良而不傲慢的方式，诙谐而直率。不建议使用死板的直率表达，这可能会碰壁，引发恐惧的情绪，或被视为粗鲁。

以诙谐的方式传递信息或想法更受欢迎、更容易被倾听和理解。你以这种方式表达自己：你知道的，我也不完美，我们是一样的。你包容，不会将自己或自己的意见凌驾于对方之上。

下次需要传达直率的信息时，请记住以诙谐的方式传达。带着微笑，敞开心扉，不加评判，让他们知道你也不完美。

诙谐有着神奇的力量，可以立即卸下人们的防备与敌对情绪。没人会拒绝幽默。诙谐的言行有种蠢萌的效果，只要你的发心是纯洁的，总能让人心生欢喜。

✦ 更加诙谐有趣的七种方式

在大庭广众面前演讲，为我提供了一个很好的游乐场。因为无法确定观众会作何反应，所以我会应用并试验不同层级的幽默。我喜欢以诙谐幽默的方式和观众互动。

有一次，在洛杉矶发表关于团队文化的主题演讲后，一位观众走向我，带着满脸疑惑问道："我怎样才能更有趣？"在这个特别的情境下，他兴致盎然并且愿意拥抱诙谐幽默，所以在传达内容的时候，我有意让自己的回答更幽默、好玩儿和灵动。

这是一个很好的问题，我想好好思考下再做出回应，使他能因此受益。他希望了解具体的方法。我问自己，诙谐有趣是可以学会的，还是与生俱来的？或许你生来就带有一定程度的幽默细胞，但这是任何人都可以学习的一种微妙的艺术。

这里有七种方式让你以诙谐、有趣的形象出场。

1. 不要太把自己当回事

自嘲，不要太把自己当回事。真诚的表达，是非常讨人喜欢和解除敌对状态的方法。不把自己看得太重，就能更好地发挥勇气，因为你不太担心别人对自己的看法或所犯的错误。

以幽默、自信的方式表明并接受自己的缺陷和不完美之处。这样做，相当于你把自己和其他人放在了同一水平，就像在说，"嘿，我也不完美，我们来玩儿吧！"这不存在高人一等之说，你和其他人一样都有缺陷！请记住，不完美是有趣而吸引人的。

面对别人的恐惧驱动型反应时，自嘲也可以起到作用。它能化解对方的愤怒或缓解受挫感。与其触发自己的恐惧感，不如用有趣的方式回应，观察会发生什么。

一天清晨，我正走到车旁准备开车，邻居拦住了我。她开始用尖锐的声音投诉我们前一天晚上播放的音乐。我和朋友曾经组建了一支叫 Salty Lips 的乐队（嗯，好的，我知道你没问），大家在我住的地方排练歌曲。

我没有为自己辩护，而是加入了她的咆哮，让她知道我也有点儿沮丧，特别是音乐演奏得不是那么美妙的时候。她立刻冷静下来，从"以后不要再这样做了"变成了"也许可以多尝试几首不同的歌曲，不要重复演奏同一首歌"。我们俩都笑了。她知道我和她站在一起，而不是反对她。自嘲我们演奏的音乐，迅速化解了她的敌对情绪。

幽默和不要太把自己当回事的心态能够解除大多数的敌对情绪。试试看，这是一门微妙的艺术，它能创造奇迹。

试着时常在日历上备注，提醒自己，"今天别太把自己当回事！"

2. 让人们感觉到自己很特别

当你带着幽默和有趣的能量出现时，人们常常会为你的成功而出谋献策。有意识地转变思想，从"觉得世界和人们反对你"转变为"相信大多数人们是善意的"，你的能量就会发生改变。

在黑山与阿尔巴尼亚边境的口岸，我们遇上了大堵车。我坐在摩托车上，在火炉般的天气里穿着防护装备，汗流浃背，我摘下头盔，开始和挤在旁边车里的一家人聊天。最后，他们甚至邀请我去他们的空调车里凉快一下。过了一会儿（堵在路上的车几乎没有移动），车上的爸爸建议我们跃过堵车大军，走仅限乘客行走的道路。

考虑到边境管制可能不会对我们的换道行为进行严苛处理，我有意识地将精力向风趣幽默靠拢，而不去想被抓包的可能性。带着灿烂的笑容和开放的心态，我跃过汽车，直奔乘客专用道。我对着海关关员笑了笑，调侃起自己又热又饿，然后分享了我对于探索他们国家的兴奋之情。他以灿烂的笑容回应，甚至没有检查我们的护照就挥手让我们通过。也许我们只是恰好碰到了好人，但我很惊讶他以风趣的方式回应，这让我感觉我们是站在一起的。

你所展现的人性时刻是让人感觉到自己很特别的时刻。它不需要你费多大劲儿。你所要做的只是让对方知道他们很重要，你很在乎他们。与陌生人一起分享笑容，感受转瞬即逝的当下。

下次面对情境有不同选择的时候，有意识地将你的能量转移到诙谐幽默上。让对方感到自己很特别，在每天的生活中，你会发现更多的魔法！

3. 眼中闪耀的星光

诙谐幽默反映在你的肢体语言中。小小的傻笑,朋友似的温柔轻推,友好的语气,展开双臂邀请对方的加入。噢,那是你眼中闪耀的星光。没有什么比眼中的星光更吸引人的了!活泼顽皮散发着另一种迷人的魅力。它邀请其他人参与进来。

因为他/她的诙谐幽默而让你欣赏并喜欢的人,想想他们是如何把握的?

如果变得诙谐有趣,你会如何说话和行动?怎么通过你的肢体语言来表现诙谐有趣?

4. 温和的邀请

诙谐幽默缓解了人际交往中的紧张局面。它使你勇敢地为某事或某人挺身而出,而不会让人觉得你在说教。这是温和邀请其他人加入,如果对方愿意的话。

分享观点的时候,如果你知道有人会反驳自己,请不要以高人一等的姿态做分享。如果你以玩笑的方式分享自己的想法,不仅能与观点完全不同的人产生链接,还能快速地与其建立信任并潜移默化对其产生影响。

例如,你可能会与政见截然相反的人交流讨论。不要把你的意见凌驾于对方之上,开玩笑地分享自己的想法。你们有着不同的成长经历与背景,这些构建了你们各自的信仰体系。不要闭口不言或强加你的看法,一定程度的诙谐幽默将会促成启迪性的对话。

5. 轻松的严肃

诙谐幽默让你即使面对恐惧也能轻松自在。这并不意味着你没有严肃对待。诙谐使得充满挑战的情境相对不那么可怕。不认真严肃地对待人与事和轻松愉快地缓解紧张局面,二者之间有着细微的区别。

实现轻松愉快有不同的方法,要找到最适合自己的。请记住,这完全取决于你行为背后的发心。为人际互动带来轻松愉快的一种方法是夸张。

假设你和朋友出去吃饭,他不停地抱怨红酒太冷。请不要怼回去,你可以回应:"我知道!生活是艰难的。我们在享受美食,但还有人得为我们做饭!"或者,如果你的兄弟如祥林嫂般不断地重复生活是多么不公平,与其置之不理,不如开玩笑地说:"在这样一个不用担心衣食住行的国度生活,真是太难了!想象一下,如果我们每天都要去打猎,没有自来水和电,那该有多好玩儿!"带着傻笑和善意夸张的方式回应,而不是愤世嫉俗。不要顺着他们的行为做出反应,以开玩笑的形式回复。这不是指责,而是遏制、消除耗能的故事。

我和团队伙伴们常会开玩笑地说"把'问题菜单'呈上来"。这种迎接挑战的方式非常有趣。每每遇到障碍,我们发现如果以诙谐淘气式的勇气迎难而上,会取得更大的成就。面临令人沮丧的情境或者事态超出我们控制范围的时候,这便是我们增加玩兴的方式。

6. 保持好奇心

好奇心是诙谐型勇敢的重要推动力。怀着孩童般的好奇心,以开放和好奇的态度面对生活,你会自然而然地向勇气靠拢。生命将处处是惊喜。

孩童便是很好的例子。他们仔细观察昆虫、不怕跌倒、脑袋里有数不尽的为什么。孩童的好奇心很有趣，他们以惊讶的眼光看待这个世界。玩兴使他们更加勇敢，不会左顾右盼。

勇敢地问问题；观察海滩上的螃蟹；去邻居家串串门；烹饪喜欢的菜肴，把全部配料搅在一起。找寻你孩童般的好奇心，展现你俏皮的一面。

7. 洒脱耐磨，难以对付

最后，变得"难以对付"！如果你没那么容易对付或没那么容易受到外物的影响，自然而然会有些桀骜不驯。你内心平和，与深处的自我保持链接，别人的评价不会左右你。你埋头于自己的事情，不消极或者不给自己加"戏码"。如果你不好对付，恐惧又怎么有机会主宰你的生活呢？

做到洒脱耐磨，难以对付，你就不会受到无意义的约束性社会规则的限制，而会勇敢地向前迈进，按照自己的方式做正确的事。

"难以对付"是以淘气诙谐的方式，而不是以严肃或咄咄逼人的态度。

你会怎么做，让自己变成淘气诙谐式的"难以对付"呢？在生活中，你所遵循的哪些规则和指南阻碍了你勇敢地生活？

最重要的是，别忘了玩儿得开心。玩耍是有趣的！开心和玩耍是彼此的佳伴。

通过练习，学着让自己变得更有趣。这并不会占用日理万机的你太多时间。这是一种存在方式，一种邀请你加入勇敢生活的方式。

让我们一起变得有趣，把这个原则付诸实践吧！

✦ 旅程乐曲

- 我不会太把自己当回事。
- 我对世界充满好奇。
- 我笑对人生。

✦ 服务区：不要太把自己当回事

把你面对棘手场合时遇到的问题写下来列成清单，然后以一种轻松玩味的态度看待它们。问题可以是：上班途中被堵在路上；一而再，再而三地与伴侣就同一件事发生分歧争吵；忘记带午餐。

✦ 旅程日志

让我们停下来思考这些问题：

- 要怎么做你才能以有趣、轻松的方式面对生活？如果你在日常生活中变得更加幽默和有趣，会发生什么？
- 你在哪些方面缺少轻松诙谐的心态？

- 说一个你喜欢的，做到笑对人生的人。是什么让他们好玩儿、有趣？
- 如果以更轻松有趣的方式面对人生，你会做出哪些勇敢的决定？
- 如果你决定笑对人生，你会以怎样不同的方式出场？
- 你曾经喜欢但现在已经放弃的事情是什么？让自己的人生变得更好玩儿，你会怎么做呢？

原则十二：进化

进化是人类经验的重要组成部分；它突破了边界，让人类实现了丰功伟绩。

进化帮助人们突破自己的勇气边界，取得一生中最高的成就。伴随进化而来的是变化，而变化会带来不确定性，所以进化需要勇气。

拥有勇气，你会更愿意离开安全的温室，提升自己。你拥抱进化，尽管感到不舒服，依旧会把自己放到未知的情形中，因为你知道在那里自己才会成长。

✦ 扩展你的勇气边界

拥抱进化，你的勇气边界就会随之改变。下意识地让自己不断进化，你将更有可能持续突破自己的勇气边界，而不是使它们缩小。曾经令你感到不安的事情，你会开始感觉安全自如，你的边界因此而不断扩展。勇敢地做决定，并不断练习，你会发现它们不再那么可怕。现在恐惧的事情，将来你会习以为常！

前方有两种选择——一种是安全无风险的，另一种是让你起鸡皮疙瘩、倒吸一口冷气的——你会选择哪一种？

即便前方荆棘满途，运动员也会不断挑战和训练自己达到最佳状态。请把自己训练得更勇敢，这样，你才能够做出大胆的决定，尤其是面临挑战或巨大的恐惧时。

漫长的人生旅途，常需要不断重塑自己。进化是一种非常强大的工具可供使用。投资自己，完善自己，不断成长，你会发现自己生活的各个层面都将随着这种提升而得到发展，包括随你而来的人和机会。

✦ 习惯那些不适

不适感来了！将自己置于舒适区之外需要勇气。然而，正是那些精神紧绷的时刻，帮助你成长，让你进化为更完善、更勇敢的自己。

在面对新事物时感到不舒服或紧张，请坦然接受并将这种感觉视为成长的标志。每次感到忐忑，心中如小鹿乱撞（不是"我恋爱了"，而是"我吓坏了！"的那种）时，你很可能处于进化当中。

避免让自己安于现状、自鸣得意，我喜欢抓住每一个机会让自己进入那种"小鹿乱撞"的紧张感，不断扩展勇气边界。我知道，当自己感到害怕和紧张的时候，便是成长的时候。

一开始，或许你无法预见不适感的好处。打个比方，但凡有机会从悬崖跳下，即使你站在悬崖边觉得自己双腿发软无力，心跳怦怦加速，也请勇敢地对自己说："是的，我拒绝保守和止步不前""是的，我愿意感受恐惧和害怕""是的，尽管会害怕，我会勇敢行动""是的，我可以不断进化成最优秀的自己""是的，我愿意扩展勇气边界，不断进化"。

适应不适感！你越是尝试着把自己放到未知和不安的情景

中，你就越能适应它们。

下面提供三个建议帮助你适应不适感!

1. 面对棘手谈话

好友曾经说过:"弗兰杰西卡,人们需要勇气面对棘手对话,这些对话丰富了生命的层次。"从那时起,这个想法就一直萦绕在我脑海中。

在生活中,你需要在哪些方面变得更加勇敢并能够应对让自己害怕的棘手对话?需要进行哪些对话才能让你实现进化并且坚持"真我"?

团队成员没有尽职尽责?需要与爱人进行充满火药味的沟通吗?或者你是否逃避与自己坦诚交流?

接纳不适感、鼓起勇气参与棘手对话,帮助你(和其他人)实现进化。

2. 破旧立新

不要害怕打破事物(隐喻地),推动它们(和你自己)进化。

这很不舒服。扔掉旧物,打开大门迎接新事物需要勇气。但有时,这正是进化到下个阶段所必需的。在生活中有哪些领域需要"打破",以便你能重塑和提升它们呢?

放弃计划需要勇气。这个决定或许令你害怕胆寒,但却非常值得,最终抵达的目的地或者取得的结果甚至超出了你的想象。

恐惧会使你双手紧握计划而舍不得放弃,即使你已经看到它逐渐在分崩离析。勇气会鼓励你在必要时放手,或者在过程中调整和纠正路线。

在我经营的企业里，有时我会有意打破、拆分流程或系统，重建并使它们变得更强大。我确信，作为领导者，其职责就是要不断推动变革，破旧立新而不是满足于平庸。你的领导力也会激励周围的人跟上步伐。

为了实现伟大的梦想，放弃本就一片明朗的事物需要更大的勇气。大多数人因为害怕失败，不敢进阶到那个层次。如果相信宇宙永远支持你，你就会明白犯错只是进化的一部分。

所以，请时不时评估你自己的生活。主动寻求不适感，问问自己需要打破哪些事物，把它们瓦解为碎片，以便更好地将它们重新组合在一起。

3. 拥抱差异

把自己丢到截然不同且陌生的环境中，体验不适感。这种差异将激发创造力并扩展你的思维。你是否注意到，如果自己处于陌生的环境中时，能发挥更多的创造力？

实践自己在日常生活中拒绝尝试的事情，体会不适感并扩展自己的勇气边界。我喜欢被朋友邀请参加自己不感兴趣的活动，我的第一反应可能是"我不是很喜欢"，但如果以前自己从未尝试过，我会接受邀请。

之前提到过，我最近跑去玩掷斧[①]游戏——通常情况下，我

[①] 掷斧是古代远程攻击兵种——掷斧兵所使用的工具，主要在法兰克人、印第安人军队中使用。在黑暗时代的步兵战士基本上是手持斧头和剑来徒步作战，有时候也会穿戴简单的装甲，例如头盔和盾牌。在美国，掷斧被当作一种时尚运动。（译者注）

不会尝试此类活动，而且不太可能再去玩儿一次。然而，事实证明那是一个非常有趣的夜晚，我还发现了一个事实：尽管自己是瑞士血统，但我完全不具备成为掷斧冠军的潜力。差异激发创造力。无论是与一起冒险的驴友共同渡过难关，或者在荒野露营，还是为了第二天的盛大晚宴而盛装打扮，反差使我能够以不同的角度和不同的方式思考。

对比鲜明的情境会激发你的好奇心并启迪新想法。

通过拥抱差异来体验不适感。将自己置身于不同的情境中，以扩展思维。这有助于你收获不同的观点，并推动你成为更好的人。

✦ 五个层级

这里有五个层级的进化，你可以选择自行探索或与亲朋一起探索。

你或许想要全选，或者只关注其中几个领域。有倾向性很正常。

这五个层级分别是思想、情绪、身体、智力和心灵进化。让我们逐一浏览，再决定要将哪些放在勇气地图上。

1. 思想进化

让我们从思想进化开始，因为要扩展勇气边界的话，改变思维模式是最关键的步骤。你的思想好比是强大的引擎，它要么支持你勇敢迈进，实现你最远大的梦想；要么让恐惧滋生，阻碍你前行的步伐。

值得庆幸的是，头脑是可以训练的，它能成为你的好盟友！我喜欢做思维实验来证明思维的强大力量。我最近的一项实验是在没有经过训练的情况下跑完纽约马拉松。我想，如果思维运用得当，跑完 42.195 千米的路线是件轻而易举的事情。在当时的我看来，这个想法简直无可挑剔。

我太天真了，大大低估了难度，这绝对不是件轻而易举的事。不过，即使身体要放弃了，头脑还是帮助我跑完了全程马拉松。我观察着自己一遍又一遍的自言自语，重复着对自己说："我可以熬过去的"。

我感觉自己的臀部酸痛或脚上的水泡难以忍受时，脑海中的小声音会诱使我放弃，低声说："打辆出租车到终点线，没人会知道！"我听到了那个声音并回应："谢谢你，好主意，你这个聪明的东西，但我可以做到的！"

我用了不到五个小时到达了终点线，并且没有受到太大伤害……只是脚踝酸痛了六个月！

那些有助于你变得更加勇敢的想法，请有意识地把它们灌输到你的思维中。让脑袋成为你扩展勇气边界的最佳盟友。噢，你不需要跑马拉松来证明这一点。其实，我不建议在没有训练的情况下跑马拉松。

你的思维进化会影响其他四个层级的深度。你的思维越强大，就越能在其他方面达到想要的进化水平。在全部旅程中，时刻注意自己的想法，并将大脑变成你最有力的支持者。

2. 情绪进化

情绪进化协助你更勇敢地在情绪层面上探索：情绪的深度、强度和范围各有不同，不要害怕这些体验。在不评判自己或他人的情况下，从各种情绪中学习。

你将不会逃避或压制情绪，而是学会接受各种情绪，受伤时让自己泪流满面，让所爱的人成为自己的软肋，在宁静的时刻体会幸福，以及放声大笑到邻居都能听到你的声音。

情绪进化也有助于发展你的情商：以同情心为导向，与他人产生真正链接的能力。你的情绪进化越高阶，你就越能感知别人的情绪。你将能够注意到他人情绪微妙的变化，并且能够更好地以同理心、人性和善良回应别人。

推动情绪进化，请观察特定的环境或者人给你的感觉——但不要评判它们。挑战性的环境有助于你成长和发展。以开放的心态感受一切事物，接纳各种情绪，你就更能勇敢地面对生活。

年初设定目标时，我写下了自己想更进一步探索五个层级，想强调一下在情绪层面上，我收获的比预期多得多。有些经历让我甚至觉得宇宙跟我开了天大的玩笑，但我会不断提醒自己，负面情绪的出现是为了帮助自己进化和成长。

3. 身体进化

没有健康，你将什么都没有；没有健康，不管你在银行里有多少钱，或者有多少人爱你，你都无法享受。

身体状况对你每天的生活也产生着重要的影响。

身体进化就是照顾好自己，这样你才能发挥出最佳状态。它包括锻炼、健康饮食和养成有益的睡眠习惯。我不是健康专家，除了建议你倾听自己的身体（并咨询研究这些领域的专家）外，我不会告诉你该怎么做。太多人依赖设备来了解他们是否睡得很好，是否饿了，或者是否需要锻炼。生物技术的发明令人惊叹，然而，它无法替代你倾听自己的身体。因此，不要仅仅依靠智能手机来评估健康状况，而是要重新学习了解自己的身体。只要稍加留心，它就会告诉你需要什么。

照顾好自己，你将会拥有清晰的头脑和强大的力量，帮助你做出勇敢的决定。

土耳其的"通往地狱的高速公路"被标记为世界上最危险的道路，记得我们骑摩托车沿着这条路骑行时，无论在精神上还是身体上，我都受到了极大的考验。这是一条蜿蜒盘旋在陡峭山崖的土路，一个又一个狭窄的弯道接踵而来。那天的天气又是下雨又是起雾，能见度为零，因为看不到右边的陡崖，我让自己更加冷静地骑行在路上。

我一手紧紧地抓着左边的墙，一手用力抓着车把，指关节都发白了。这条路让我的心提到嗓子眼儿了。到达山顶以后，我才感觉自己恢复了呼吸，简直身心俱疲。

骑行极限被推到边缘的边缘。我甚至停车两次查看路况，但实际上周围没有任何障碍。我的头脑开始被怀疑和恐惧占据。阅读有关道路的信息和道路上曾发生的事故并没有帮助，我必须有意识地提醒自己要专注于自身。随着路途的前行，我的边界不断被打破和扩展。

时不时地给自己一点儿压力，为健康的体魄投资。它将帮助你收获勇敢的生命之旅。

4. 智力进化

我有些书呆子气，认为"唯有读书高"，这让我很兴奋。智力进化为你内心的"小呆子"提供洞见和信息，以支持你做出勇敢的决定。

智力上的发展使你能够进行更深刻的讨论，从而突破自己的边界。敢于发表意见，敢于优雅地拒绝。在智慧层面，敢于挑战和被挑战。所爱的亲朋们质疑我的想法时，我内心是欣喜的，因为它帮助我重新思考、在智力上进化。此外，我非常喜欢"令人讨厌"的、拓展思维的对话。

为你的智慧提供养分有很多不同的方法来实现，例如阅读、收听播客、参加培训课程、与朋友一起谈天说地或解决难题。要找到适合自己的方法。在高中时，我的某位好友常常带着百科全书四处走动，我必须说，无论是过去还是现在，她的词汇量非一般人所能及！

5. 心灵进化

最后，但也同样重要的是心灵进化。你不需要以"相信外星人"来实现心灵上的进化。心灵进化将帮助你相信并感受与比自己更强大的事物的链接感。

心灵的发展将帮助你依据直觉做出勇敢的决定。虽然某些直觉型决断看起来不大合理，但实际上，它们很有力量。采取行动或做出不合逻辑的决定需要勇气。然而，影响最大的往往是那些勇敢的决定。

实现心灵的进化，你不需要住在山洞里冥想多年。你可以通过每天十分钟的冥想、偶尔的静观、沉浸在大自然中或任何其他你觉得有效的练习来进入意识。

心灵进化也可能包括你无法用逻辑解释的经历。你可能会选择探索你不熟悉的生活维度。离开熟悉的事物，深入探索未知的事物是需要勇气的。这样做以后，你会对观察到的魔法感到惊讶和赞叹！

选择你觉得最需要的进化层级，然后开始吧。

进化的五个层级也可应用于你的人际关系的进化。不同的人际关系将支持你在不同层级的发展。

✦ 关系的进化

不断自我完善，接近内心真实的自己，你将会看到周围所有的人际关系也随之而发展。有的会消失，而有的会和你一起进化。

人际关系是生活的调味料。当你鼓起勇气和所爱的人一起探索这五种不同层级的进化时，无论是部分或全部探索，你都会感受到更深层次的链接。你或许会与大部分的朋友探索五个层级中的一个或两个。与这个朋友探索智慧方面的进化；与那个朋友一起踏上精神之旅；还有一个朋友不断鞭策着你往前走。如果你有勇气继续，人际关系是探索并进化为最好的自己的好方法。

在一段浪漫的关系中，你可能会选择所有五个层级。如果你找到一个能和你一起探索全部层级的人，那可真是太难得了。

✦ **打破勇气的边界：重塑生活的 13 条原则**

✦ 阳刚之气和阴柔之美

那是一个雨夜，迈克和我抵达黑海的旅馆时，我们已经浑身湿透了。我冲了个热水澡，穿上干爽的衣服，下楼问大堂的夜班守卫在哪里有现场音乐表演。"巴比伦"，他指着街道说。

迈克和我一起来到了这家别具一格的土耳其酒吧。现场乐队正在演奏非常有特色的电子摇滚，混合了阿拉伯风格的音乐，这让我觉得自己是一千零一夜的故事主角，我完全沉浸在音乐中，这时，迈克问："音乐对你而言意味着什么？"好问题。"嗯，让我想一想，"我回答说，啜了一口相当美味的土耳其葡萄酒。

一首歌由不同的部分和不同的乐器组成，相互融合并升华，形成协奏曲。每种乐器本身就能够演奏出美妙音乐（单簧管或风笛除外），但当它们结合在一起时，歌曲会得到升华。我也是用同样的方式观察进化后的人际关系。我们各自是完整的，但是当两个人聚在一起时，勇敢地放下戒备并能深入交流，奇迹就会发生。

对我来说，用歌曲来比喻伟大的浪漫关系最适合不过了。我将歌曲中的低音比为阳性能量，它提供坚实的基础，承载旋律，因为它，和声能以相同的节拍跳动起舞。

旋律是阴性能量，在鼓声和贝斯声的帮助下绽放和蓬勃发展。阳性能量是阴性能量发芽的沃土，两者结合使关系实现进化和升华。

不管男女，身上都会兼具阳性能量和阴性能量。

像"我的良伴"或"我的另一半"这样的说法没有意义。你不是一半，你是完整的。两个各自完整的个体结合在一起，低音、旋律和谐地演奏时，能迸发出无穷力量，创造出天籁之声。他们挖掘出彼此的潜力，帮助对方进化为更好的人。

和勇敢的人在一起需要勇气，因为你们相互独立，并不"需要"对方——而是"选择"了对方。愿意放下防备，与你深入探索五个层级，无论探索层级是多是少，有这样的人与自己相伴将会多么美好。勇气让你向更深的地方探寻，进而使彼此得到升华。

大胆地去爱，不玩儿你追我赶的游戏，因为没有什么可失去的。你知道自己想要什么并会勇敢地表达出来，你坚持自己的"真我"，坚定信仰。你给予但不求对方回报。你们一起成长，互相鼓励进阶到更高的段位。

每一段关系都是学习和成长的机会。让进化帮助你扩展你的勇气边界。

✦ 旅程乐曲

- 每天都成为比昨天更好的人。
- 欣然接受不适感，实现自我进化。
- 投资自己。

✦ 服务区：接纳不适感

接纳不适感，把勇敢地面对挑战变成自己的习惯。在接下来

✦ **打破勇气的边界**：重塑生活的 13 条原则

的三十天里,至少要展开一次棘手的对话,你知道这个对话是必须的,但因为恐惧、害怕拖延了很久。接受那些让你感到不适的经历。

✦ 旅程日志

拿起你的日记,思考以下问题。

- 如何找到不适感,以扩展你的勇气边界?
- 尽管你知道这是实现进化的必经之路,但你依旧拖延没去面对的棘手对话有哪些?
- 五个层级中,你想深入了解的是哪一个?你会采取什么行动完成进化?
- 你觉得被困在哪里?怎样做才能提升自己呢?
- 如何发展你的人际关系,确保它们建立在勇气而不是恐惧的基础上呢?

原则十三：承诺

太棒了，你已经坚持读到了勇敢地生活的最后一条原则。在阅读的过程中，你通过思考关键问题和聆听旅程乐曲，设计出自己的勇气地图。这是你不断扩展勇气边界的行动指南。你付出的努力让人惊叹，即将迎来庆祝的时刻！但首先，让我们用最后一个原则——承诺，把勇气地图绘制在脑海里。

✦ 承诺——变得更勇敢

13条原则，每一条都始于你想要扩展自己勇气边界的发心，然后辅之以行动。哼着旅程乐曲、思考服务区的问题，这些都是旅程的一部分。勇敢是一种技能：越是频繁地练习，你就会越勇敢。你已经决定拥抱勇敢的生活，现在用承诺把它提升到更高的水平。

让我们通过以下概述的四个阶段来制订承诺计划。

1. 明确目标

用你掌握的勇敢技能来判断自己目前所处的位置。问问自己，在生活中，希望在哪些方面具备更多的勇气？在设计勇气地图的时候，你可能已经挖掘出自己想要进一步探索的领域。

希望鼓起勇气投资自己，深造某门课程以提升职业生涯？还是离开一段你无法活出"真我"的关系？抑或是来场疯狂的冒险之旅？展开棘手的对话？众人面前唱歌？转行？参加有氧搏击操课，铸造健康体魄？体验刺激的裸泳？

思考自己希望在哪些领域拥有更多的勇气，把心中所想的列个清单并记录下来。

2. 甄别筛选

你可能会希望在生活的不同领域扩展自己的勇气边界。你不该选择在所有领域都践行勇气，你更应该做的是，把精力集中在筛选后的一两个领域里。

同一个时间段内，把本书中的全部原则都应用到生活中，并非明智之选，你可以先选一个原则并有意识地拥抱它，重复、练习直至它成为习惯。养成了新习惯，就把重心放到下一个习惯。按适合自己的方式来确定优先级。最重要的是，在你致力于练习新技能的同时，请抱着轻松愉快的心态，享受这个过程。

时不时地，挑战接踵而至，以考验你所做的承诺的水平。你想要放弃、想违背诺言回到安全的地带，或者出现恐惧驱动型行为。这很正常，障碍和挑战的出现是在考验你是否忠于自己的承诺。不要与他们作对，也不要因此而自责。请记住，随着生命之河流淌。

比如应用不依附原则时，你可能很难做到不考虑结果，这种纠结影响了你的情绪状态。没关系，进步往往来自微小的行动，点滴汇聚，涓流成河，所以请先致力于迈好每一小步，并相信这个过程。

成功不是一蹴而就的。坚持不懈的行动才会迎来幸运女神！

3. 幸运

随着实践原则数量的增多，你会越来越幸运。在明确了想要变得更勇敢的方向后，做出承诺并采取勇敢的行动，始终如一。

一致性和耐心至关重要!

耐心是一种美德(我承认自己没有!不过,因为宇宙总是在不断考验我的耐心,所以也在慢慢改善)。承诺变得更勇敢包括要有足够的耐心,尽管困难重重或迟迟不见成果,也能坚持行动。

与许多有价值的项目一样,你需要时间来设计、落实勇气地图。不要着急,放下控制,随机应变,做到始终如一。

如果你在采取行动时感到恐惧,不要担心——勇气就是尽管有恐惧,但还是要采取不完美的行动。请在过程中不断尝试并适当纠正方向。

4. 蜿蜒曲折和偏航修正

时不时地,你可能会偏离正轨。生活不是一条直线,它有着数不尽的蜿蜒曲折。正是这些黑暗和光明,曲折和拐弯使生命更加完整而丰富。生命是穿梭在光与夜中的美丽(有时是痛苦的)舞蹈。

有时你会选择优雅地坚持下去,有时你可能会选择改变方向。调整方向的过程中,保持清醒的意识、灵活性和勇气。如果由恐惧驱动决定,你会更加抗拒未知,并陷入困境。如果选择勇敢地生活,你则会迎接变化,因为你知道一切事物都是不断变化的。

以优雅而不是武力修正路线。优雅地,以勇气、轻松愉悦和不依附为动力。无论发生什么,都坦然面对,这是一种勇气。只要你承诺忠于自己,自尊和诚实会贯穿你的行为的始终。

宇宙万物各有其规律,自有其解决问题的方式。勇敢地拥抱未知、学会修正偏航,进而使自己和他人进化到更高的阶段。

◆ **打破勇气的边界：**重塑生活的 13 条原则

✦ 放胆尝试

我想邀请你大胆去尝试！

你读这本书是因为想更勇敢地生活。你出现在这里是因为对自己做出了承诺。面对生命，你想全力以赴。出现在这里，很可能因为你已经准备好做一个更大胆的尝试。

这个"大胆"或许和别人的不一样，所以不要担心别人在说什么或做什么，你在追逐自己的梦想和目标并为此努力。

观察自己在探索梦想时的身体感受，这是验证你在勇敢地勾勒梦想还是待在安全区的一个好方法。是否觉得肚子里一阵翻滚或其他反应让你隐约感到恐惧？你有没有一种深深的目标感？你的梦想让你充满活力吗？如果是这样，完美！或者你可以再大胆一些，步子再迈大一些，扩展你的勇气边界，你可能会感觉心在吊着，这很正常，但不要大到你觉得这是天方夜谭，无法实现。

大胆的尝试可能会令人生畏，因为这些选择常会使得风起浪涌而不是风平浪静，然后改变你的现状。这种转变或许会很可怕。这就是为什么很多人更喜欢待在舒适和熟悉的地方，这绝对没有错。然而，如果你想努力勇敢地生活，大胆尝试，你会知道前方的路有很多不确定性和不可预测的事情发生。但你也知道，追随"真我"的感觉是美妙无价的。

做到大胆地尝试，你将能激励其他人也加入进来。看到周围的人开始活出"真我"并以开放的心态面对一切，让你觉得十分欣慰和值得。

在生活中，你觉得自己在哪些方面的思维太局限了？在哪些领域行事太过保守了？在哪里，你没有做到坚持"真我"？哪些方面是你想要完善的？如果即刻踏上你一直梦寐以求的疯狂冒险，会怎么样？如果让你邀请自己"圈子外"的人约会，怎么办？即使面临困难、复杂的情况，如果你依旧能坚持忠于自己，那会怎么样？如果你做到了不可能实现的事情，你会怎么样？

✦ "不可能"只是种看法，并非定论

如果有人告诉你某件事不可能，你会不会因此而畏缩？也许这只是在他们的世界里不可能。但也许只要你恪守承诺，突破自己的勇气边界，这将是可能的。别把"不可能"作为畏缩而不勇敢前行的借口。"不可能"只是种看法——别人的看法。

承诺勇敢前行，将"不可能"视为挑战。记住，世事无常，没有什么是永久不变的，包括"不可能"。你现在无法做到的事情，也许在明天会成为可能。在勇气之旅中，你会遇到各种人和事考验你的勇气边界。不要被"不可能"给吓退。定义你自己的可能性，并承诺勇敢地生活。你可以的！

✦ 记住，这不是父母的错（不要归罪于原生家庭）

一位很有智慧的朋友曾对我说过："父母养育你、支持你，

但你必须靠自己长出属于你的脊梁。"你的父母已尽了最大的努力，提供了他们当时所能给的全部。他们很可能没有做到尽如人意，犯了错误。要坦诚地接受结果。责怪别人相当于把支撑你的力量往外推，这将阻碍你勇敢地追求梦想。

每个人一生中多多少少都会经历艰难和困苦。但它们是真的"艰难"和"困苦"吗？这取决于你的看法以及你是否想让它们成为你记忆的一部分。不要把问题归咎于妈妈、爸爸、天气或经济形势。过去的经历或许对你现在的境地产生了深刻的影响，但你所走的路都是由你自己所选（比如听从父母安排，也是你选择听父母安排）的。因为恐惧，我们学会了以受害者的姿态来讲述故事。如果这种情况发生，请改写你的故事，重新做出承诺。

请做出承诺，让世界看到自己。你值得踏上勇敢的生命之旅，所以请为了自己这么做。过去发生的事情，木已成舟，无法改变。你现在想以怎样的方式出场，采取怎样的行动，完全取决于你。所以，请明智地选择。

✦ 以勇敢无畏引领众人

做出勇敢生活的承诺，以及扩展勇气边界所带来的微妙转变，将激励你周围的人跟随你的步伐。

无论你是领导一个团队，一个家庭，还是一群朋友，首当其冲且最重要的是：你是自己思维和行为的领导者。你越善于领导自己，就越能更好地领导和激励他人——以言行一致的方式。

想想那些你认为最能鼓舞人心的领导者。他们有什么共同点？他们或许忠于自己的"真我"，坚持自己的原则，并随着发展的需要不断进化。他们以开放的心态，乐享人生和纯粹的发心来领导。他们相信自己和过程，拥抱自己的不完美，做到随机应变、触类旁通。勇敢的领导者具备善良的品质和同理心，并以此领导众人。

本书的所有原则将会引领你踏上更勇敢的生活之旅，此外，它们还能帮助你成为自己和他人坚定的领导者。

承诺勇敢地生活，坚持"真我"，保持优雅、正直、庄严。以勇气领导自己和他人。谢谢你全力以赴，谢谢你以勇敢的姿态出现在这个世界上。

✦ 旅程乐曲

- 承诺勇敢地生活。
- "不可能"只是一种观点。
- 拥抱人生的起起落落。

✦ 服务区：给自己的承诺

在接下来的三十天里，每一天都要勇敢地生活。每天都会面临着选择：一条是容易走的路，另一条是勇敢者的路，坚定地选择第二条。

✦ 打破勇气的边界：重塑生活的 13 条原则

✦ 旅程日志

拿起日记本，写下你对以下问题的想法。

- 下一步你会采取什么方式来让自己更勇敢？
- 活出自己的"真我"，你愿意做出什么承诺？
- 因为恐惧，你在哪些方面避免对自己或他人做出承诺？
- 在哪些方面你并没有做到坦然地接受结果？如果接受了，你会做出什么改变？
- 你要怎么做才能成为自己和他人的卓越领导者？
- 在生活中，你想在哪些方面大胆尝试？在哪些方面你觉得以前自己的做法太过保守了？

起　程

你已经开始设计、完善勇气地图，地图将为你的人生旅程提供方向和支持。你做出的每一个勇敢的决定、所采取的每一个勇敢的行动，都会让你朝着美好的生活向前迈进一步。

勇气丰富了你的经历，让你体验到无憾无悔的人生，这是一场令你真正引以为豪的生命之旅。充满勇气的生活是一段美妙、充实和难忘的旅程。你会满怀感激地回顾过去的勇敢生活，你知道自己付出了一切，抓住了机会，即使失败了，也会重新站起来，你已经全力以赴了。

和任何旅程一样，随着境况的变化和拓展的勇气边界，你将不断调整地图以协助自己继续前行。迷路的时候，感觉自己需要更多的勇气能量，需要进服务区休息、加油，或者想听听新的旅程乐曲以丰富体验时，请回到这本书和你的日记中，寻求灵感和指导。勇气地图的规划和执行是伴随终身的课题。

每天都是新的一天，是践行勇敢生活的新机会。每天你都可以选择自己想要的出场方式。有些时候你会表现得比其他人更勇敢，有时一切顺风顺水，有时却是暗礁险滩，困难重重。请相信自己掌握着跨越障碍的技巧。请记住，条条大路通罗马。有时，

◆ **打破勇气的边界：**重塑生活的 13 条原则

意想不到的小径或许会有些绕路，但它能带你体验到世上最美的风景。即使感觉自己身陷囹圄，周围一片黑暗，也请相信宇宙永远支持你。

请记住，你是书写自己故事的作者。坚持你的"真我"和纯粹的发心，相信自己，以开放的心态面对一切，总是以善意回应，拥抱你的不完美，不依附结果，顺其自然地随着生命之河流淌，抱着乐享人生的态度，不断进化并做出承诺！世界需要你和你的给予。你应该过上勇敢的生活。

我很喜欢史蒂夫·乔布斯说过的另一句话：人一生的轨迹由大大小小的点链接而成，往前看，你可能看不出其中的端倪；往回看，所有这一切便能串起来，有迹可循。所以，你要相信现在的这些点在某种程度上链接着你的未来。

你必须相信一些东西——直觉、命运、生活、业力等等。这种方法从未让我失望，它改变了我的生活。

每条原则都是你勇气地图上的一个点。相信这些点会串联起来。你做的工作，采取的行动，改变的现状在帮助你变得勇敢，你现在的状态、境况是过去的结果，求仁人悦，习劳神钦。请相信宇宙永远支持你。

我们站在一起，期待你与我分享你设计和行走勇气地图的经历，我一定会非常激动。尽情享受充满勇气的旅程吧！

一封来自勇气的情书

亲爱的勇敢之魂：

　　是我，你的勇气。你可能看不到我，但我想让你知道，我一直存在于你身体的某个角落里。我想让你知道，我不会远离，不管你是感到恐惧还是担忧，我永远是你坚强的后盾。

　　你是勇敢的灵魂——过去、现在、未来都是勇者之魂。你定会勇敢地活出"真我"。

　　谢谢你相信自己、相信我。我们是最佳拍档！我们在一起势不可挡。

　　让我们一起勇敢地面对生活！

勇气

关于作者

弗兰杰西卡是一位志行高洁、独树一帜的企业家、卓越的营销和品牌战略家、冒险家、作家,以及"简蕉""商魁""海恋"和"人仁爱"品牌的联合创始人。

她被授予年度创新、创造力和慈善事业奉献奖。

她是全球企业家协会(EO)的董事会成员,为 EO 的传播、营销和品牌推广提供建议。她还发起了一项颇具影响力的倡议,名为益洋(EOcean),旨在激励企业家保护环境,践行可持续发展。作为一家非营利机构,EO 有超过 9 500 名会员,131 个分会,分布在 40 个国家。会员所在公司的总销售额超过 5 650 亿美元。EO 的使命是让更多领先创业家可以不断学习和成长,愿景是缔创全球最有影响力的创业家社群。

弗兰杰西卡还是奇点大学的评审团成员,联合国智囊团成员,研究如何通过发挥企业家精神实现联合国可持续发展的目标。